日経文庫
NIKKEI BUNKO

女性が活躍する会社

大久保幸夫　石原直子

日本経済新聞出版社

はじめに──今度こそ企業社会で女性活躍が進むと考える3つの理由

女性がもっと活躍できる社会にしよう──。

このような掛け声はこれまでに何度もありました。

さかんに議論されている女性活躍推進施策に対する声（賛否両論）に耳を傾けていると、デジャヴ感（既視感）が広がってきます。

男女雇用機会均等、男女共同参画、次世代育成支援。

これまでにほとんどの論点は出尽くしているでしょう。

しかし、一時的には女性の登用は盛り上がるのですが、たいていは景気が後退する頃にうやむやになってしまいました。

そして再度、リーマンショックの傷が癒えた2012年頃から、女性活躍推進が大きなうねりとなってきています。果たして今回は大きな成果をあげられるのでしょうか。

ひとつはっきりしていることは、日本が手遅れの一歩手前の状況だということです。先進国で日本ほど女性リーダーが少ない国は、もはやどこにもありません。飛び抜けた「後進国」になってしまったと言ってもいいでしょう。

それは日本が亀の歩みを続けている間に、女性リーダーが少ないとされてきた他の国々が一気に日本を追い抜いていったということです。

たとえばオランダ。1980年代まではオランダは、女性活躍については大きく遅れをとっていて、女性就業率においても日本よりはるかに低い水準でした。ところが90年代に逆転され、今では日本のはるか先を行っています。日本は1980年代まではOECD（経済協力開発機構）の中間に位置していました。それが現在では、まったく取り残されている状況になってしまいました。

1995年に国連で「ナイロビ将来戦略勧告」が採択されて、指導的地位に就く女性の割合を30％にまで増やすことが宣言されてから、多くの国が着実に対応していったのですが、日本はあまり変わりませんでした。そして国連の女性差別撤廃委員会から是正を求められることになり、もはや日本は変わらないのではないか、とまで思われています。

政府が「女性活躍推進を」と表明したときに、「時期尚早だ」と言った経済団体もありましたが、尚早どころではありません。手遅れの一歩手前。一気に巻き返しを図らない限り、日本は完全に置いてきぼりになるでしょう。

でも、今度こそ、という期待はあります。女性リーダーが企業社会にも数多く現れるのではないかという感触もあります。

そう思う理由は3つです。

①企業経営がグローバル化を加速させていくなかで、女性をリーダーに登用しない男性ばかりの企業は、どこの国でも受け入れられないから。これが最大の理由です。日本にいてはわからないことを海外進出してはじめて実感したのです。そして、女性リーダーをマネジメントできない経営者は、グローバル経営では通用しません。

②女性の大学進学率、就職率が高くなって10年以上経ちました。もう会社内には充分な数の女性社員がいるのです。そして2000年頃から本格化した新卒採用での女性総合職は、管理職昇進の時期に差し掛かってきています。機は熟しています。

③政府が真剣に取り組んでいることも大きな理由です。安倍政権が打ち出した女性活躍推進施策。関連するニュースはほぼ毎日、新聞紙面を賑わせています。この強さは過去にはありませんでした。「推進する企業にはアメを、しない企業にはムチを」と、明確に打ち出してきています。これに社会も反応してきています。もはや女性を格下のようにみる経営は、世間からの批判に耐えられないことでしょう。

一度コンセンサスが得られてしまえば、力強く前に進むのが日本という国の特徴です。その境界を超えるところまで一気にいけるかどうか。それが勝負です。

境界とは、「女性リーダーを登用して、そのリーダーたちが良い成果をあげていると組織全体が認める段階に至ること」です。ここまで達成してしまえば、あとは自然に進んでいくはずです。

大いに期待したいと思っています。

本書はその境界を超えたいと考えている企業の方々に向けて執筆したものです。

企業経営者はもちろん、ダイバーシティ推進（女性活躍推進）を担当する方々、現場のリーダーとして女性部下を抱えるマネジャーにもお読みいただき、境界を超える一助にしていただきたいと願っています。

そして女性はもちろん、多様な人々が活躍する職場を増やすことに役立てていただきたいと思います。女性だけではなく、高齢者、障がい者、外国人など。あらゆる人を活かせるようになることが、これから人口減少を本格的に経験してゆく日本が生き残る唯一の道だと思うからです。

できるかどうかではなく、できるようにする。

それがこの女性活躍推進、女性リーダー輩出というテーマなのでしょう。

なお本書の執筆は、リクルートワークス研究所の大久保幸夫と石原直子が2人で分担しました。女性の問題というと、過去には女性が語ることが多かったのですが、残念ながら女性が語ると聞く耳をもたない男性もいます。反対に男性だけだと、見えないところが多々あります。そこで、男性と女性が組んでこの問題に取り組むことがベストだという結論に至りました。

内容はリクルートワークス研究所での研究活動や取材活動を下地にしていますが、主に第1章、第4章、第5章を石原が担当し、第2章、第3章、第6章を大久保が担当し、それぞれの責任において書きました。

ご批判も含めて、多くの反響をいただければ、何よりうれしく思います。

2014年10月

大久保幸夫
石原直子

女性が活躍する会社――【目次】

第5章 新人女性を確実にリーダーに育てるシナリオ

第1章

女性育成の常識は間違いだらけ

これまで女性活躍推進が遅れてきたのは、成果があがるまで粘りづよく継続してこなかったからだと思います。それに加えて、常識と思われていたことに、いくつか大きな誤りがあったからではないでしょうか。本書では、まず、女性活躍推進の常識と思われているいくつかの論点について、明確に否定するところからスタートしたいと思います。

1　ロールモデル探しは誤り

女性が管理職を目指さない理由

図表1－1を見てください。女性の管理職が少ない企業に、なぜ女性管理職が少ないのかを尋ねると、「女性本人が管理職になることを希望しないから」という回答が必ず出てきます。そして働く女性に「昇進したくない理由」を尋ねると「家庭との両立がたいへんだから」「責任が重くなるから」という回答とともに「周囲に同性の管理職がいないから」という理由が上位にあがってきます。

企業のダイバーシティ担当の方々と話していても、「わが社には、女性社員がお手本にできるロールモデルがいない」という話は、頻繁にでてきます。そして、ダイバーシティ担当

図表1－1　なぜ女性管理職が少ないのか

●女性役職者が少ない理由

(%)

採用の時点で女性が少ない	52.2
現時点では、必要な知識や経験、判断力などを有する女性がいない	45.6
可能性のある女性はいるが在職年数など満たしていない	33.3
女性のほとんどが役職者になるまでに退職する	25.6
能力などの要件を満たしても女性本人が希望しない	19.6
女性には役職登用に必要な経験をつませにくい	10.8
時間外労働が多い、または深夜業がある職場が多い	8.5
全国転勤または海外転勤がある	7.5
家庭責任を負っているため責任ある仕事に就けられない	7.4
役職者の仕事がハードで女性には無理である	2.8
上司・同僚・部下となる男性や顧客が歓迎しない	2.6
その他	5.6

（従業員300人以上の企業・複数回答）

●従業員の昇進の希望

(%)

	男性	女性
役付きでなくてもよい	25.7	68.9
係長・主任	13.9	19.7
課長以上	59.8	10.9
無回答	0.6	0.4

（従業員300人以上の企業の一般従業員）

●昇進を望まない理由

(%)

	男性	女性
メリットがないまたは低い	41.2	22.9
責任が重くなる	30.2	30.4
自分には能力がない	27.6	26.0
やるべき仕事が増える	24.6	14.5
仕事と家庭の両立が困難になる	17.4	40.0
もともと長く勤める気がない	9.0	9.7
自分の雇用管理区分では昇進可能性がない	6.2	23.1
やっかみが出て足を引っ張られる	3.4	3.6
定年が近い	2.2	1.9
家族がいい顔をしない	1.2	1.8
周りに同性の管理職がいない	0.3	24.0
その他	10.1	6.9
特に理由はない	11.9	6.8

（従業員300人以上の会社の一般従業員・複数回答）

出所：すべて（独）労働政策研究・研修機構「男女正社員のキャリアと両立支援に関する調査」(2013年)

や人事の担当者は、女性社員のロールモデルとなる人を探すことや、そうしたロールモデルの人と若手社員が出会う場を設計することに一生懸命です。

ですが、働く女性は、本当にそんなにもロールモデルを求めているのでしょうか。そして、ロールモデルがいないと、昇進はそんなにも難しいものなのでしょうか。まずはこの問題を考えてみたいと思います。

ロールモデルを「自分より高い職責についている同性の先輩で、自分自身の行動や思考の手本にしたい人」と定義すると、確かに社内にロールモデルがほとんどいないのが多くの会社における実情でしょう。

日本企業の管理職に占める女性の比率はわずか7・5％です[1]。社内をちょっと見まわしただけでは、管理職の女性の先輩を、そんなに簡単にみつけることはできません。

運よく自分の身近なところに、女性の管理職の先輩がいたとしても、その人のことを「ロールモデル」と思えるかどうかはまた別の問題になります。

多くの女性たちは、奮闘している先輩女性を見ても、

「すごいと思うけれど、私はあそこまでのスーパーウーマンではないわ……」

「あんなふうに何もかもをあきらめて仕事に邁進しなくてはいけないのだったら私はやり

たくない……」

「あの人は時間が自由になる旦那さんもいて、すぐ近所にお母さんもいて子育てを全部任せられたかもしれないけど、私とは条件が違いすぎる……」

と、「自分とは違う」ところを指摘しはじめます。

そして、最後には「ああいう風になりたいわけじゃない」と言うのです。彼女たちは私たちのロールモデルではない、と。

今の日本企業で管理職をしている女性の多くは40代以上ですから、彼女たちの入社時期は1990年前後。

1）管理職に占める女性比率のデータは何種類かあり、調査によってその数字にばらつきがあります。たとえば、厚生労働省「平成25年賃金構造基本統計調査」では、2013年の「課長級以上」の管理職に占める女性の比率は7・5％（企業規模100人以上）。厚生労働省「平成25年度雇用均等基本調査（確報版）」では、2013年の課長相当職以上（役員含む）の女性比率は6・6％とされています。安倍政権の「日本再興戦略」改訂版（2014年）では7・5％が用いられました。国際比較によく用いられるのは、総務省統計局による「労働力調査」からのデータで11・1％（2011年）になっています。本書内でも、話題に応じて取り上げる数字がちがっていることがあります。

日本で男女雇用機会均等法が施行されたのが1986年なので、企業がようやく、「女性は『事務職』で男性社員の『アシスタント』」という固定観念から抜け出そうとしていた時期に入社し、道なき道を切り拓いてきたのが、今存在している、ごく少数の管理職の女性たちなのです。

こうした女性たちのなかには、男性に伍して働くために、家庭やプライベートを犠牲にして仕事だけに邁進してきたという人や、子育ては自分や夫の両親にまかせっきりにしてきたという人も少なくありません。

企業がある程度まとまった数の女性総合職を採用するようになり、男女共同参画とかダイバーシティという言葉が徐々に浸透してきた2000年代に入社した女性たちとは、女性が働き続けることの難易度も、周囲の理解度も、働く環境の整備の進み具合も、まったく異なっていたのです。

そのような環境で働いてきた先輩たちの生き方や働き方は、自分たちと同じにはなりません。「ああいう風になりたいわけではない」というのも、今の時代だからこそ言えるのかもしれません。

そもそも、ロールモデルは、「自分と完全に条件が一致」している人でなくてはいけないのでしょうか。だとしたら、そもそもロールモデルを見つけることは、どの人にとっても、かなり難易度の高いことになります。働く人は一人ひとり能力も違えば、任されている仕事内容も違う。家庭や経済状況も異なるのですから。

「ロールモデル探し」は思考停止

つまり、キャリアに悩む女性がそろって言う「ロールモデルがいない」問題ですが、これを企業としてあまり真に受けなくてもよいのではないかと思うのです。ロールモデルがいなければ自分の働き方やキャリアを決められないほど、今の女性たちが弱々しい存在だとは思いません。

ロールモデルがいない、というのは一種の「思考停止ワード」だと考えることもできます。

２０１０年代というのは、働く女性の絶対数も増えてきて、企業側がさまざまな制度を整備して、女性のリーダーを増やすことにも前向きで、各種のあと押しをしてくれようとしている、そんな時代です。

このような条件のもとでキャリア構築をした女性はこれまでの日本にはほとんどいません。つまり、これから多方面にキャリア展開する今の30歳前後の女性たちがパイオニアなのです。

ですから、女性をリーダーに育てたいなら、「彼女たちのためにロールモデルを探してあげなければ」と思い込むのは、もうやめにしたらいかがでしょうか。

「これまで誰もやってこなかったことだからあなたに頑張ってほしい」

「条件は違うかもしれないけれど、社内の◯◯さんや△△さんに仕事の進め方を聞いてみたらいい」

というように、思考停止しそうになっている女性たちを解放して、背中を押してあげるほうが女性たちのモチベーションは向上すると思います。もちろん、「◯◯さん」や「△△さん」を、女性に限定する必要はありません。男性の働き方や仕事の進め方から自分に役立つヒントを得ることは、まったくもって自然なことです。

そしてもうひとつ、複数の人の「良いところ」や「悪いところ」から学ぶべきである、と明確に伝えることです。たとえ均等法世代の女性の先輩の働き方を魅力的だと思わないとしても、「ああいう風にはなりたくない」と思わせてくれる時点で立派なロールモデルだとも言えるのです。「ああいう風」ではない働き方を自分がすればよいのですから。

会社が、どんなに素敵な女性を見つけ出して「ほら、この人がロールモデルですよ」と差し出したとしても、それがリーダーになる女性を育てるにあたっての特効薬になるわけではないのです。

2　長い育休と短時間勤務が女性のキャリアを阻害する

「3年間抱っこし放題」の衝撃

2013年4月、安倍晋三首相は「日本の成長戦略」と題する演説を行いました。日本の成長のためには、女性の力が欠かせないとする趣旨そのものは、女性の活躍という面で長く諸外国に遅れをとってきた日本が、ようやく変わっていくかもしれないと思わせてくれる画期的なスピーチでした。

しかし、その中に盛り込まれた「3年間抱っこし放題での職場復帰支援」と言われた施策については、企業で働く人の多くが首をかしげたのではないでしょうか。これは、企業には自主的に3年育休を推進してもらい、そのような取り組みを助成金などで応援する、とした内容でした。

子どもを産む女性がみんな3年間も職場を離れてしまうとしたら、企業にとっては、代替人材の確保、復帰にあたって現場の勘を取り戻してもらうためのサポート、その間に現場で生じる混乱など、とてもコストのかかる話に見えたことでしょう。女性側からも、長く休めば休むほど、会社からは「面倒くさい人材」になるのに、という反発がありました。

この違和感は間違ってはいないと思います。長すぎる育児休業や短時間勤務制度は女性のキャリア形成にとってはマイナスになる、ということははっきりしています。

2000年代の女性活躍推進のムーブメントでは、「子どもを産んだ女性が仕事を辞めなくてもすむように」という「配慮」の施策が中心だったので、それまであまり活用されてこなかった育児休業制度を使い勝手のいいものに改善したり、短時間勤務制度を新たに取り入れたりした企業がたくさんありました。

この流れのなかで、育児休業制度を最大2年から3年取得できるようにした企業、子どもが小学校を卒業するまで短時間勤務を続けられるようにした企業など、「仕事をセーブする権利」をワーキングマザーに付与した企業は少なくありませんでした。

しかし、これらは働く女性の「子育て」を支援することにはなっても、「キャリア」を支援することにはつながらない施策だったのです。

空調設備で世界一のダイキン工業は、2014年に、出産後6カ月未満で職場復帰する女性社員に対して、最初の1年の保育補助費を従来の30万円から60万円に増額するという人事施策を導入しました。働きたいという女性を補助する制度は珍しく、注目を浴びました。

ダイキン工業の井上礼之会長兼ＣＥＯは、「本人にとってもブランクは短い方が現場感覚が鈍らないし、キャリア形成もしやすい」と、制度導入に踏み切った背景について説明しています（日本経済新聞２０１４年4月12日）。

井上会長は、ワーキングマザーはたいへんだからと、責任ある仕事を任せないのは「優しさの勘違い」だとも指摘しました。その「優しさ」に安住していたら、いつの間にか戦力外になってしまうリスクがあるのですが、企業も働く女性も、そこに目をつむっていたのです。

そもそも、日本の育児休業制度は、すでに世界でも類を見ないほど充実しています。産前産後休暇を超えた休業が法律で認められている国は、実はそれほど多くはないのです。

その期間が1年間（場合によっては1年6カ月）というのも、世界的にみれば非常に長いものです。私たちは、アメリカでもアジアの多くの国でも、たくさんのワーキングマザーの話を聞いてきましたが、子どもを産んだ女性の多くが3カ月くらいで職場に戻ってくるといいます。

その理由は、「子育ても大事だが、自分のキャリアも大事」だからです。

「長く休んでいる人にいつまでも期待し続けるほど、会社は甘くない。早く職場復帰して、自分の居場所で存在感のある仕事をしたい」

「長く離れてしまえば、仕事の勘やスキルが鈍る。そうなる前に現場に戻りたい」

これらは、世界中のワーキングマザーが共通して口にする言葉です。

OECD（経済協力開発機構）とフランス国立人口研究所の共同研究でも、長すぎる育児休業は女性の労働参加率に負の影響を与えることが示されました。今以上に育児休業期間を長期化させることは、女性のキャリアを支援しようとする考えとは矛盾しているのです。

もし3年もの間、職場を離れてしまえばそれまでに蓄積してきた能力や経験は復職までに錆びついてしまうでしょう。そして、社内外で築き上げてきた人的なネットワークも、途切れてしまうかもしれません。

戦線離脱期間をむやみに長期化させることは、復帰した後も戦力外通告されたまま塩漬けにさせるリスクをはらんでいるのです。

もちろん個別の事情は勘案するとしても、基本的に育児休業は1年間、その後すみやかに職場に復帰し、安心して再び全力で仕事にチャレンジできるような環境を整えることこそが求められているのではないでしょうか。

時短で働いた先に何が見えるか

もうひとつ、働く女性の育児を支援することにはなっても、キャリアを支援することにはつながらない施策として「長期にわたって取得可能な短時間勤務制度」をあげておきたいと思います。

短時間勤務制度とは、午前９時から午後３時とか４時頃まで短時間で働き、夕方早めに退社する働き方を認める制度で、家事や育児と仕事を両立させながら働き続けられるようにするものです。

しかし、実際には、短時間勤務で働いている女性に対する職場での風当たりは驚くほど強いものです。

ある金融機関で働いている38歳の女性は、２０１４年６月から産休に入りました。産休入りする前に２０１５年４月に復職するつもりで上司と話し合っていたところ、

「子どもが生まれたら短時間勤務だね。短時間勤務は子どもが小学３年生になるまで使えるよ。ただ、申し訳ないが、毎日午後５時に帰る人に他の人より高い評価をつけることはできないから、それは覚悟しておいて」

と言われたそうです。

この上司の対応には、大きくいうと2つの問題点があります。

ひとつは、「子どもが産まれたら短時間勤務」と決めつけていることです。このケースでは、女性のほうも、復職後は短時間勤務を利用しようと思っていたそうですから、上司の言っていることは間違いとは言い切れませんが、なぜか、短時間勤務以外には選択肢がないかのような発言になっています。

本当は、企業が決めている8時間などの法定労働時間で日々働き、残業なしで退社するという働き方を認めてもいいはずなのです。

しかし、このケースでは上司は、「育児中の女性は短時間勤務で働くもの」と思い込んでいます。

そして、さらに残念なのは、短時間勤務で働く以上は、普通の人と同等の評価はしない、と宣言してしまったことです。まだ働いてもいないのに、なぜ評価しないと決められてしまうのか。時間が短い分効率的に働いて、他の人より高い成果を出すかもしれないのに……。

この女性は、

「上司の言いたいこともわかるけれど、はっきり言って、子どもを産む前から、復職するモチベーションが一気に下がりました」

と言っていました。

これは、珍しい話ではまったくありません。ほとんどの日本企業では、正社員は残業するのが当たり前ですから、毎日定時に帰る人や、ましてや毎日短時間勤務で帰る人は、どうしても組織の「正式なメンバー」として認められにくいのです（このあたりの問題は、詳しくは第４章で取り上げます）。

したがって、育児と仕事を両立させようとする女性に対して、いつまでも短時間勤務で働くことを許容しているのは、事実上、その人を中核的な戦力とみなさないこととほぼ同義になっているのです。

ワーキングマザーに対して、子どもが小学校３年生や小学校６年生を終えるまでの間、短時間勤務を認めている会社は少なくありません。約10年も短時間勤務で働き、その間、ほとんど評価を受けることなく過ごしてきた人は、その後も、昇進や昇格を目指すのはとても難しくなるでしょう。

評価されにくくなるだけではありません。人より短い時間しか働かない人には、なかなか責任のある仕事を任せられないというのも、職場の実態なのです。

こうして、責任のある難易度の高い仕事とは無縁の期間を送ってしまうため、本人の成長という意味でも、他の人からずいぶん後れを取ってしまうのが現実です。

短時間勤務制度を長く適用させるのは、女性のキャリアにとってはマイナスである、というのはこういうことです。

もちろん、子どもがまだ幼い時や、保育園から小学校に上がる「小1の壁」、学童保育がなくなる「小4の壁」、と言われるように、子どもの環境が変化するその時々で、短時間勤務を選択せざるを得ない時期はあります。

しかし、女性のキャリアを応援しようとするならば、本人たちに、何も考えずに短時間勤務のままで働くことにはリスクを伴う、ということをきちんと伝えてあげる必要があります。

ある企業のダイバーシティ担当の女性は、ご自身も小学校高学年になる子どもを持っている人でしたが、「会社の若い女性たちには、『できれば子どもが保育園の間に、一度短時間勤務をやめてみたら』と勧めている」と言います。

実は、保育園には午後7時半とか8時とか、遅い時間まで子どもを預かってくれるところも多くあります。しかし、小学校に上がると、ほとんどの地域で学童保育は午後6時で終わります。

午後6時に間に合うように帰宅しようと思えば、会社の定時まで働いてから退社するのでは遅い、ということが起こります。そうすると少なくとも子どもが小学校1年の最初のうちは短時間勤務を選択せざるを得ません。

この人が言っているのは、他人の力を頼りやすい保育園のうちに、あと少し頑張ってフルタイムで働く感触を取り戻しておくことと、職場の人にフルタイムで働く意欲があることを示しておくことの両面から、短時間勤務を一度やめてみてはどうか、というアドバイスなのです。

企業サイドとしては、このように、子どもの環境がどんどん変わることを念頭において、短時間勤務制度は、短いサイクルで使ったり使わなかったりを柔軟に変えられるような設計にしておくのがよいでしょう。

女性自身にもその上司や人事にも、思考停止的に「子どもが産まれたら短時間勤務」と決めてしまうのをやめ、どうやったら少しでも仕事に向き合う時間を増やせるかを話し合い、そのための協力体制・支援体制をつくってほしいのです。

基本は「1年で復職してフルタイムで働く」ことが無理なくできる体制を早く構築することです。

ここでのフルタイムは8時間勤務を指しています。残業はしない。その代わり、勤務時間の8時間をいかに無駄なく、価値のある仕事に充てられるか。

その緊張感を持って働くことで、仕事を通じた成長を、子育て中も追求するのです。

「ホカツ」で疲弊するワーキングマザーたち

ここまでに見てきたとおり、「長い育児休業期間」も「長い短時間勤務期間」も、女性のキャリアにとっては、けっしてプラス方向には働きません。

もちろん、子育ても家庭を居心地よく維持する仕事も、人生における大切な仕事です。しかし、子育てがある一時期にしかなし得ないのと同じくらい、女性自身のキャリア形成の機会も、ある一時期を逃すと、ほとんど取り返すことのできない「かけがえのない」ものなのです。

製薬会社で働く知り合いの女性は、第2子を2013年の7月に産みました。

2013年の年末、彼女はアトピーの症状のある幼い娘を4月から保育園に入れて復職するか、もう少し一緒に過ごすか悩んでいました。

彼女が「今の時点で来年4月に保育園に入れて復職すると決断するか、もう少し娘が丈夫になるのを待つために、今回の保育園入園を見送るか悩んでいる。後者を選んだ場合、1歳半の時点で保育園が見つかってなかったら退職になるかも……」とSNSに投稿したところ、多くの人から反応がありました。

早かったのは彼女と同年代くらいの男性たちからの返信で、

「当然子どもが優先でしょう。」

「悩むことなく、子どもと一緒にいるに一票!」

といった意見がまず連続して届きました。

その次に、その女性の、専業主婦の友達からの反応が続きました。

「子どもにとって母親はひとりしかいないからねえ」

その後に、ワーキングマザーの友達からのコメントが続きます。

「私は子どもが4カ月の時に保育園に預けて復帰したけど、子どもは保育園を楽しんでるよ」

「子どもは今もかわいいけど、いくつになってもかわいいよ」

このやりとりを見て、この小さいコミュニティの中にも日本の縮図が表れている、と思いました。

これまでの日本社会では、普通の女性は、育児と仕事を秤にかけて「どちらかを優先するために、どちらかをあきらめる」という選択を迫られていました。そして、それが当たり前だと多くの男性も女性も考えています。今もその実態には、ほとんど変わりがないのだと改めて知らされる出来事でした。

これは、企業の努力ではなく、政府や自治体の努力をお願いすべきところですが、もっとも重要なのは、安心して預けられる保育園に、「何月からでも」確実に子どもを入園させられることです。

特に首都圏では、何月に生まれた子どもであろうと、4月の新年度に入園できなければ、翌年の4月まで、認可保育園に入れる可能性は、実質的にはほとんどありません。

保育園が見つかるまでの間、お母さんは、赤ちゃんの世話をしながらずっと保育園探し、いわゆる「ホカツ」のために奔走し、焦りや不安と戦い、心身ともに疲れきってしまいます。

たとえば10月に産んだ子どもを、翌年の11月に必ず保育園に預けられると確信を持てるならば、この間のお母さんのストレスがどれほど減ることでしょうか。

1年後の職場復帰に向けて、子どもと好きなだけ向き合える貴重な時間を目いっぱい楽しみつつ、仕事にスムーズに復帰するための心構えもできるというものです。

こうした社会的なサポート体制が整うことで、1年の育児休業を取得した後の女性が、安心して、自信を持って、職場に復帰できるようになるのです。

3　安易なスペシャリスト化は成長を止める

女性はスペシャリスト志向が強い？

一般的に、女性は専門職志向が強く、また、実際に専門職に向いている、と言われます。この言説のとおり、日本の企業社会では、女性が優秀であればあるほど、ひとつのポジションに長く留めておいて、「スペシャリスト」に育てようとする傾向があります。

確かに女性のなかには、より高いポジションを求めるよりは、今の仕事で頑張りたいという意向を持つ人が多いというのは事実です。

また、男性がどんどん異動していくのが日本の組織です。流動性の高い組織のなかで、長くそこにとどまってあれこれと世話を焼いてくれる女性社員の存在は、組織をうまくまわす潤滑油としても機能してきました。

こうして、本人の意向と組織の思惑が一致して「女性はスペシャリストに向いている」という言説が、ますます真実味をもって語られてきたのだと思います。

その結果としての弊害は2つあります。

ひとつは、組織の中のあちこちに「この仕事は彼女以外の誰の手にも負えない」と言われるような「ブラックボックスのなかの仕事」が生まれることです。

しかし、本当にその人にしかわからなくなってしまったブラックボックス状態の業務が放置されているとしたら、はっきり言ってその組織は危機管理ができていないということだと思います。その人がある日突然会社を辞めてしまったらどうなるのでしょうか。

もっと言えば、実際のところは、本当にその人がいなくなったらいなくなったで、組織は意外にもきちんと回るのです。残念なことに、その人が必死に守ってきたものは、そうしてもらわなくても済むものだったり、誰かがすぐに代わりを務めることができるものだったりしたのかもしれません。

もうひとつは、1つの仕事に長く留め置かれた女性たちが、管理職や上級職に昇格する年代になった時に、往々にして「彼女には幅広い業務経験が足りない」「どうも視野が狭い」などと言われて低い評価を受けがちになることです。長い目で見た場合に、本人のためにもなっていないと言えるのです。

男性に比べて明らかに異動頻度が低く、多様な職務を経験していない女性を大量生産するのはもうやめにしなければなりません。

専門職志向を捨てて、よその職場に出よう

私たちは、企業のダイバーシティ推進室から、働く女性向けに、今後のキャリアを考えることをテーマにした講演や勉強会の講師を頼まれることがあります。

そういう時には、決まって「キャリアを考える10のポイント」という話をしているのですが、その10のポイントのうちの４つは「安易にスペシャリストを目指すのはやめましょう」という内容のものです。

４つとは、次のようなものです。

①「余人をもって代え難し」はだいたいウソ
②どんな仕事も続ければ飽きる（給与が増えなければなおさら）
③あなたにしかできない仕事は来年「誰にでもできる仕事」にしよう
④専門職は芸術家、管理職は普通の人

①の「余人をもって代え難し」はだいたいウソ、というのは先に説明したとおりです。「これは私にしかできない」などという仕事は、企業の中にはそんなに多くはありません。

あなたがいなくなったら、だいたいの場合は、別の人がなんとかしてその仕事をやってくれる、ということです。いつまでもひとつの仕事にしがみつくのはやめにしませんか、と伝えているのです。

②の「どんな仕事も続ければ飽きる」というのは、そのままの意味で、今の時点で楽しい、大好きだ、と思えている仕事でも、定年退職するまでその仕事を続けていても本当にいいのかどうか、考えてほしいと思って話しています。

ましてや、今の時代、どの企業も給与に占める年功的な部分の割合を減らしています。同じ仕事をしていたらいつまで経っても給与は増えない可能性が高いのです。

何年経っても給与も増えず仕事も変わらない、それでも高いモチベーションをキープできるほどにその仕事を愛しているのかどうか、見つめ直してみましょう、と女性たちに問いかけているのです。

③の、「あなたにしかできない仕事は来年『誰にでもできる仕事』にしよう」では、①と②をふまえて、ではどうするべきかを話しているつもりです。

つまり、自分の頭の中にある方法論やその業務に関する暗黙的な知識を、次にこの仕事をやる人のために、マニュアルに落とし込んだり、一覧表にして書き残したりして形式知に変換していきましょう。そして、その仕事は誰かに渡してあなたは卒業し、新しい、もっと面白い仕事をしましょう、と言っているのです。

自分の仕事を人に渡すというのは、最初は難しく感じます。第一、自分が苦労して獲得したその仕事のコツやその仕事に関わるキーパーソンの情報を、わざわざ人に教えてあげるのは、自分の価値を下げるような気分になりますし、もったいない気がするものです。

しかし、組織を運営する人ならわかると思いますが、個人で仕事を抱えこんで「ヌシ」のようになっている人と、仕事を「見える化」し、誰もが習熟可能な形に整理できる人では、ほとんどの場合において後者のほうが圧倒的に価値が高いのです。それをしたからといって、その人の価値が下がるということは絶対にありません。

そして、④の「専門職は芸術家、管理職は普通の人」というのは、③で今持っている仕事を卒業した女性たちに、次にどこに向かってほしいかを説明しています。

「企業で偉くなりたいわけではない」と考えている女性たちに、専門職として高いパフォーマンスを定年まで発揮し続けるというのは、実はなかなか難しいことだと知ってほしいと思っているからです。

メーカーを中心に、キャリアの途中で管理職を目指すコースと専門職を目指すコースを選択できる「デュアルラダー制度」を取り入れている企業があります。こうした制度では、技術や技能の高い人は、管理職でなくても管理職と同等の報酬をもらうことができるようになっています。

しかし、技術や専門性だけで、本当に同年代で管理職になった人と同じだけの処遇を受けられるほどに認められているのは、ごくわずかな人だけというのがこうした制度の実情ではないでしょうか。こうした専門職制度が、時として、キャリアの多様化につながっておらず、評価の低い人の「溜まり場」になっていると批判されている所以です。

また、どんな技術も日進月歩で変化していきます。SEのような職種を考えればよくわかると思いますが、急速に進化していく技術に、何十年もの間、置いていかれないように食らいついていったり、ましてやその分野のトップランナーで居続けるのは、簡単なことではありません。

その意味で、「専門職として輝き続けるというのは、本当にその分野における類いまれな才能を持った人にしかできない、芸術家になるのと同じくらい成功するのが難しいことですよ」と（多少誇張を混じえて）言っているのです。

こちらも多少誇張が混じっていますが、「それに比べれば管理職というのは、あなたのお父さんや親戚のおじさんもやっていませんか？　管理職には、普通の人がなれるんですよ」と話を続けて、「だから、管理職にはならない、専門職でいく、と言っているのは、簡単なことはやらないであえて難しい道を選んでいるように見えるのですが、本当にそっちを選ぶのですか。自信はあるのですか」と問いかけているのです。

以上が、私たちが女性たちに向けて伝えているメッセージです。

言っておきますが、専門職やスペシャリストになることが管理職になることよりもつまらないことだと言っているつもりはまったくありません。すばらしい専門職の女性も数多くいますし、スペシャリストが本当に向いている人もいます。

しかし、「女性＝スペシャリスト」と決めてかかるのはもうやめにしたほうがいいのではないでしょうか。

女性を育てる立場の人たちには、ぜひこのロジックで「スペシャリスト志向」の女性たちの意識に働きかけてみてほしいと思います。

4　メンターよりもスポンサーが大事

メンタリングがなぜこんなにも流行したのか

メンターとかメンター制度という言葉は、2000年代の半ばまで、日本ではほとんど聞かれなかった言葉ではないでしょうか。

しかし、この10年ぐらいの間に、メンター制度は多くの企業で導入されることになりました。

私たちは2005年から07年くらいにかけて多くの大企業が推進した女性活躍推進のムーブメントのことを「女活2・0」と表現することがあるのですが（ちなみに、「女活1・0」とは均等法が導入された1980年代後半のことで、今回の女性活躍推進のムーブメントは「女活3・0」にあたると考えています）、メンター制度の導入と先に述べた「ロールモデル」の育成は、女活2・0時代に流行した施策の二本柱と言ってもいいかもしれません。

メンターは、ロールモデルとは異なり異性でもよいのですが、目上の立場の人で、なおかつ、キャリアや両立に関する悩みや迷いについて、相談することができ、それをどのように解決するかについてアドバイスをくれ、答えを見つけるのをサポートしてくれる人、という意味合いで使われていました。

女性は、自らのキャリアについて、男性よりも悩みが深い。また、それを誰に相談してよいかわからないで困っている――こうした状況を解決するために、時には女性の先輩たちが、時には企業の役員レベルの男性たちが、メンターとしてある階層の女性たちをサポートする役割を担うことになりました。

メンター制度には一定の効果がありました。

多くの女性社員にとって、普段は企業内の目上の人と話す機会といえば、直属の上司とその上司くらいしかありません。

直属なだけに、話す時には、自分の悩みを聞いてもらいたいと思っていても、現時点での目標達成度や業績のことが頭をかすめます。

それに自分の評価を決定する人々なので、たとえば「実は営業は向いていないと感じているので、異動したいと思っている」とか「結婚が決まったが、この先も働き続けるかどうか悩んでいる」などということを、すべて打ち明けるのは勇気のいることでした。

自分とは直属の関係にない、キャリアを積んだ人に対して、こうしたキャリアプランについて話ができることは、女性たちにとっては新鮮な機会でしたし、メンターに相談に乗ってもらいながら、自分の悩みに決着をつけることができた人も多くいたに違いありません。

メンターにはもう飽き飽きしている?

私たちは、2014年の初頭にヨーロッパ企業のダイバーシティ推進の状況を調査するためにスイスに行き、さまざまなグローバル企業のダイバーシティ推進責任者や女性リーダーに話を聞く機会を得ました。その時に、複数の企業から聞いた耳慣れない言葉に「スポンサー」とか「スポンサーシップ」というのがありました。

ある企業のダイバーシティ担当の役員はこう言いました。

「メンター、メンター、メンター。今企業で働く女性たちは、どこに行ってもこの人があなたのメンターです、さあ悩みを相談しなさい、と促されます。

でも、メンターはあくまでも話を聞いてくれるだけの存在です。その人がよりシニアなポジションに就けるように取締役会に働きかけてくれることもなければ、チャンスを与えてくれない上司を直接いさめてくれることもないのです。

もう企業の中の女性たちは、メンターには飽き飽きしていると思いますよ。

いま、女性が本当に企業内でリーダーになっていくために必要なのは、メンターではなくスポンサーなのです」

メンタリングは、社会心理学的な側面からメンティー（メンターからのアドバイスを受ける人）をアドバイス、サポートするものですが、スポンサーシップ、つまりスポンサーによる支援とは、その人のキャリアに直接影響を与えるものです。

メンタリングではなくスポンサーシップを、ということを明確に提唱したのは、フランスのビジネススクールＩＮＳＥＡＤのハーミニア・イバラ教授です。

イバラ教授は、男性の受けているメンタリングと、女性の受けているメンタリングでは内容が微妙に異なることに気づきました。

女性は男性よりもメンタリングを受けていることによるキャリア形成へのインパクトが小さく、その原因は、男性のメンターの多くは、組織のヒエラルキーのかなり高いところにいる人が担うことが多いのに対して、女性のメンターはそこまで高いポジションではないことが多いからだ、というのがイバラ教授の主張です。

男性についているメンターは、組織の意思決定に大きな影響を与えることができるので、自分が見込んだメンティーであれば、その人物のキャリア形成をポジティブな形で、具体的に支援することができるのです。

しかし、女性についているメンターには、そのような力はないので、あくまでもメンターの定義のとおり、アドバイスと精神的なサポートだけの関係になってしまう、ということなのでした。

企業のヒエラルキーのより高いポジションに登用されるためには、その人の能力とポテンシャルの高さを証言し、喧伝し、その任用を後押しする人がいたほうが、より有利になります。

男性の社会では、当たり前のように、優秀な人は、いくつか階層が上の重役から「目をかけられる」ことがあり、その人のあと押しを得て抜擢されたり、新たなチャレンジに引き合わせてもらったりしています。しかし女性には、そのような役割を果たしてくれる人が、ほとんどの場合はいないのです。

女性を本気でリーダーにしたいのなら、メンタリングだけでは不十分。その人の評判を周囲に広め、登用や任用の意思決定の場で影響力を発揮できる人をスポンサーにしなくてはいけない、というのが欧州企業のダイバーシティ担当者が、口を揃えて話してくれたことでした。

ちなみに、欧州やアメリカの大企業では、すでに初級管理職のレベルには十分な比率で女性が登用されています。こうした企業がダイバーシティの次のテーマとして見据えているのが、エグゼクティブ層やボードメンバーの女性比率をもっと上げることでした。

だからこそ、必要なのはメンターではなくスポンサーだというように視界が変化したのだということもできます。

一部の日本企業は、欧米の企業がかけてきた年月をぐっと圧縮して、初級管理職だけでなく、上級管理職や役員になる女性をも、ここから数年で輩出しようとしています。先達が長い経験を重ねることによって発見した有用な情報である「スポンサーの必要性」というものを、ぜひとも日本企業の女性活躍推進に取り入れてほしいと思います。

第2章 女性活躍推進が経営戦略の最重要テーマに

なぜ企業は女性活躍推進に取り組む必要があるのでしょうか。原点であるこの問いに向き合ってみたいと思います。

1　CSRから経営戦略へ

人権問題と少子化対策から始まった女性活躍推進

仕事場面での女性活躍促進が最初にテーマとなったのは、1986年に施行された男女雇用機会均等法がきっかけです。

「雇用の分野における男女の均等な機会及び待遇の確保を図るとともに、女性労働者の就業に関して妊娠中及び出産後の健康の確保を図る等の措置を推進することを目的とする」（第1条）と書かれているように、職場においては、当たり前のように男尊女卑だった時代から、差別撤廃へと向かう流れをつくった重要な法律です。1999年の改正では、募集・採用、配置・昇進、教育訓練、福利厚生、定年・退職・解雇において、男女差をつけることが禁止されました。また2007年改正では、間接差別の禁止やセクシャルハラスメント対策の強化を謳っています。

さらに１９９９年には男女共同参画社会基本法が生まれました。

「男女が、社会の対等な構成員として、自らの意思によって社会のあらゆる分野における活動に参画する機会が確保され、もって男女が均等に政治的、経済的、社会的及び文化的利益を享受することができ、かつ、共に責任を担うべき社会」を目指して制定された法律で、これらの法律を遵守して、企業内における機会の均等と共同参画の実現を図ることは、企業としての責任であり、果たすべき役割とされました。

これらは性による差別の撤廃という、人権の視点から進められたものです。

２０００年を過ぎたころからは、そこに少子化対策の視点が加わりました。

少子化問題は日本が抱える大きな社会課題であり、２０５０年に人口１億人を割り込む状態を回避できるか否かが関心事になっています。出生率が低下したままならば、若年人口は減り高齢化が加速してしまいます。そしてさらに人口が減少していき、活力が低下して、消滅する地方自治体が続出することになるのです。

それを回避するために、女性の社会進出が少子化を加速させないように、企業に「配慮」を求める政策が展開されていきました。

それが２００５年からはじまった次世代育成支援対策であり、次世代育成支援対策推進法です。従業員の仕事と子育ての両立を図るために行動計画を策定することが義務付けられ（大企業は義務、中小企業は努力義務）、目標を達成するなどの一定の要件を満たした企業には、子育てサポート企業として認定マーク「くるみん」が与えられ、税制上の優遇措置が受けられるようにしました。この施策（法）は10年間の時限立法でしたが、さらに10年間延長され、現在も続いています。

女性の活躍推進も、いかに出産後も辞めずに仕事を続けられるかに焦点があてられ、企業の施策も育児休業や短時間勤務制度の整備等が中心となっていました。その結果、制度整備は進みましたが、第1章でも触れたとおり、キャリアの視点からは負の側面も見えてきているところです。

しかも、第1子出産前後の継続就業率は、2010年で38％にしか届かず、育児支援の各種制度だけでは解決できないという問題の根深さも露呈しています。

女性活躍→企業競争力向上

結果として、機会均等や男女共同参画、子育て支援という施策だけでは、女性リーダーが次々に生まれてくるようにはなりませんでした。

必要なのは、女性活躍推進が、企業の社会的責任（ＣＳＲ）として行われているというよりは、経営戦略の一環として経営成果をあげるために女性活躍推進に取り組んでいるという状態をつくることです。

それを受けて、ここ数年、女性活躍を熱心に進めているのが経済産業省で、厚生労働省や内閣府が進めてきた施策とは角度を変えて、むしろ企業の経営戦略としての女性活躍推進をリードしてきました。

具体的には、東京証券取引所と連携して実施している「なでしこ銘柄」の選定や、女性のみならず、高齢者、障がい者、外国人など多様な人々の活躍を推進している企業を表彰する制度である「ダイバーシティ経営企業１００選」という事業の推進があげられます。

ここでは、「ダイバーシティ経営は、社員の多様性を高めること自体が目的ではありません、また、福利厚生やＣＳＲの観点のみを直接的な目的とするものではありません。（中略）その能力を最大限発揮させることにより、経営上の成果につなげることを目的としています」（「ダイバーシティ経営戦略」経済産業省編）として、成果にこだわっています。

１００選は、基準を満たす企業が応募し、それを審査して選定するのですが、もっとも重要な審査項目として次の４種類の成果をあげています。

①プロダクトイノベーション（対価を得る製品・サービス自体を新たに開発したり、改良を加えたりするもの）
②プロセスイノベーション（製品・サービスを開発、製造、販売するための手段を新たに開発したり、改良を加えたりするもの）
③外的評価の向上（顧客満足度の向上、社会的認知度の向上など）
④職場内の効果（従業員のモチベーション向上や職場環境の改善など）

女性を含む多様な人材をうまく活かすことにより、ここに掲げるような成果があがるはずだと考えているのです。

ＯＥＣＤの閣僚理事会報告（２０１１年）でも「女性の経済活動への参画は、生産性を高め、税・社会保障制度の支え手を増やし、多様性はイノベーションを生み、競争力を高める」と指摘しています。

実際、女性管理職比率が高い会社ほど企業として高い利益を出しているという相関関係は繰り返し証明されています。これについては、相関関係はあっても因果関係は逆ではないかという反論があります。

つまり、女性が活躍しているから利益が出ているのではなくて、利益が出ているから女性を管理職に登用する余裕があるのではないかという指摘です。しかし、アカデミックの場ではデータ分析によるさまざまな検証が行われていて、たとえば、正社員の女性割合が増えた時に、それ以上に管理職に占める女性の割合が増えれば、企業のパフォーマンスは上がり、そうでなければ下がるというような実証分析の研究成果（「労働生産性と男女共同参画」山口一男など）も見られるようになりました。

今後は、女性活躍推進をした企業が、市場から高い評価を受けて、企業としての生産性を高め、競争力を高めていったという事例が数多く蓄積されていくことでしょう。

2　人材不足社会を乗り越える

女性活躍に至るプロセス

女性が活躍している企業には、そこに至るまでに、大きく2つの道筋があるように見えます。

ひとつは優秀な人材を採用しようと思ったら、必然的に女性が多くなったというものです。これは特に中小企業で多く見られる道筋です。中小企業にとって、優秀な人材を集めるということは至難の業です。そのときに比較的集めやすいのが女性であり、機会均等とか共同参画というポリシーとは関係なく女性に注目が集まるのです。

せっかく採用した社員ですから、辞めてほしくはありませんし、活躍してほしいと考えますから、個別の事情にもできるだけ対応するのですが、その結果女性が働きやすい会社ができあがり、彼女らの活躍によって業績が上がっていくということがあります。個別対応からはじまったことを制度化して、すべての女性社員に適応できるようにすることで本格的に女性活躍が推進されるのです。

一方、大企業に多いのは、ＣＳＲから女性採用や登用をはじめて、その数が一定規模にまで達してきたことを受けて、本格的に女性活躍の支援制度を整えていくという道筋です。

大企業が女性総合職を数多く新卒で採用するようになったのは、２０００年を過ぎた頃からでしょう。それ以前にも男女雇用機会均等法以降、女性総合職を採用していましたが、数は少ないものでした。毎年の新卒採用数の2割、３割と採用されるようになった女性たちが、経験を積んで成長し、次世代育成支援によって整備された育児休業制度や短時間勤務制度を活用して、管理職昇進年齢の段階にまで届きつつあるのが現状です。出産後も継続就業できる環境を整えたけれども、うまく活躍できていない女性が増えてきてしまったという現実もありました。

そのため、女性の採用や定着を今後も続けていくならば、本気でその女性たちを戦力化しなければならない、という危機感が広がってきました。次項で説明するとおり、ちょうど市場環境の変化が女性リーダーを求めているという背景もありました。

最近では、女性を採用するならば、ぜひ優秀な女性を採用したいということで、男性同様に女性の新卒市場が売り手市場になってきています。特に絶対数が少ない理系の女性（いわゆるリケジョ）は、引く手あまたの状態です。

女性の応募者を惹きつけるためには、その会社の女性社員がいかに活躍しているかを広報し、女性が継続して働きやすい環境が整っていることをアピールする必要があります。反対に、そうではないという情報が口コミなどで流れると、たちまち応募者は減ります。男性以上に女性は評判情報に敏感で、「ブラック企業」などの汚名を着せられると、たちまち人が採れなくなり、そのために労働環境を改善できなくなるという悪循環にはまってしまう怖さがあるのです。

経済産業省が、ダイバーシティ経営企業１００選の初年度受賞企業に対するアンケート調査（２０１３年）を実施したところ、効果として「マスコミ取材が増加した」「大学からのセミナー依頼が来るようになった」「応募者やインターンシップ希望者が増加した」という回答が多く寄せられていました。なかには応募者が数倍に増えたという企業もあるようです。

はじめはダイバーシティ・マネジメントという言葉も知らなかった中小企業や、ＣＳＲの一環として女性を採用した大企業が、一定の時間を経ていくなかで、自然に女性活躍推進を考えるようになっていったのです。

女性採用は長期的な人材不足を乗り切る切り札に

現在、多くの日本企業では、たいへんな人材不足に悩まされています。

リーマンショックで蓄積した負の遺産がやっと解消し、アベノミクスによってデフレからの脱却が進んだことで、労働市場が動いてきたことが原因でしょう。有効求人倍率はひさしぶりに1倍を超え、大卒新卒の有効求人倍率は1・61倍（２０１５年卒）に高まりました。

２０２０年の東京オリンピック開催が決まったことや、２０１１年3月に起きた東日本大震災の復興が途上にあることで、建設需要が沸騰したことも要因です。

しかし、それだけではありません。

より根本的な理由は、若年労働者が減少しはじめていることです。これからは、65歳以上の高齢者が増え、その後にはすべての年齢層の人口が減っていきます。若年労働力を揃えることは、今後ますます難しくなるでしょう。

そのときにまず注目されるのが女性です。高齢者や外国人を活用するという道もありますが、そのためには制度改革や環境整備、意識改革などのさまざまな準備が必要となりますので、多くの企業は優先順位としてまず女性を選ぶでしょう。

新卒採用で優秀な女性を採ることが第1ですが、若手の女性は、さらに減少しますし、獲得競争も激しくなってきますから、女性の中途採用や、パートタイマーの基幹化というところにも目を向けておく必要があるでしょう。

つまり、長期的にみて、働き手としての女性を惹きつける力を持てるか否かが、企業の存続にまで影響を与えるようになるのです。現在は女性活躍推進のことを尋ねても、「うちはそれほど困っていない」という返事がかえってくるような人気企業でも、人口減少が進めば、近い将来は女性に目を向けなければならなくなるはずです。

3　マーケットの実態に組織を合わせる

女性顧客の影響力

女性活躍推進が注目される理由を、別の角度から分析してみましょう。

大きなうねりとなっているのは、「女性消費者の影響力が拡大することによって、サプライサイド（製品やサービスを提供する側）にも女性リーダーの必要性が高まる」ということです。

実際に女性活躍が進んでいる企業を眺めると、ＢｔｏＣ企業で、顧客としての女性と接点を持っている企業が多いことがわかります。

以前にアメリカにおけるダイバーシティの先進企業を探していたとき、大手の法律事務所が目立つことに気づきました。これは顧客（依頼主）の多様性に合わせて、スタッフも多様化させたほうが、顧客の支持を得やすいと、法律事務所が考えたからに他なりません。弁護を依頼するときなど、同じ人種のほうが安心できるかもしれませんし、裁判の種類によっては同性に担当してほしいものもあるでしょう。そのほうが、自分の立場や気持ちをより理解してもらえると思うからです。法律事務所は顧客の性別や人種構造をそのまま従業員の構成比にあてはめることで、もっとも多くの顧客を惹きつけることができると考えたのです。日本ではこのような民族の多様性を求める顧客ニーズは小さいですが、女性についてはとても大きいはずです。

小売店でも、女性ユーザーが中心となる商品では女性が接客や販売を担当した方が、より顧客の心理を考えた対応ができるでしょう。ただ販売するだけではなくて、相談しながら適切な商品を選んで勧めるような業態であればなおさらのことです。

以前は男の世界だった住宅業界でも、女性の営業職が増えてきていますが、それは打ち合わせをする相手が女性の場合が多いからでしょう。新築でもリフォームでも、細部にわたる要望を持っているのは女性であり、同じ女性が打ち合わせに臨んだ方が、顧客の納得感が高まるに違いありません。市場が女性営業職を求めたのです。

総務省が国民の家計収支を調べた「全国消費実態調査」（２００９年）によると、30歳未満の仕事をもつ一人暮らし世帯の可処分所得は、調査開始以来はじめて男女逆転したそうです。可処分所得とは、自由に使える手取り収入のことなので、マーケットにダイレクトに影響します。女性は月21万８１５６円、男性は21万５５１５円ということですが、女性の社会

図表2－1　女性がコントロールしている支出の割合

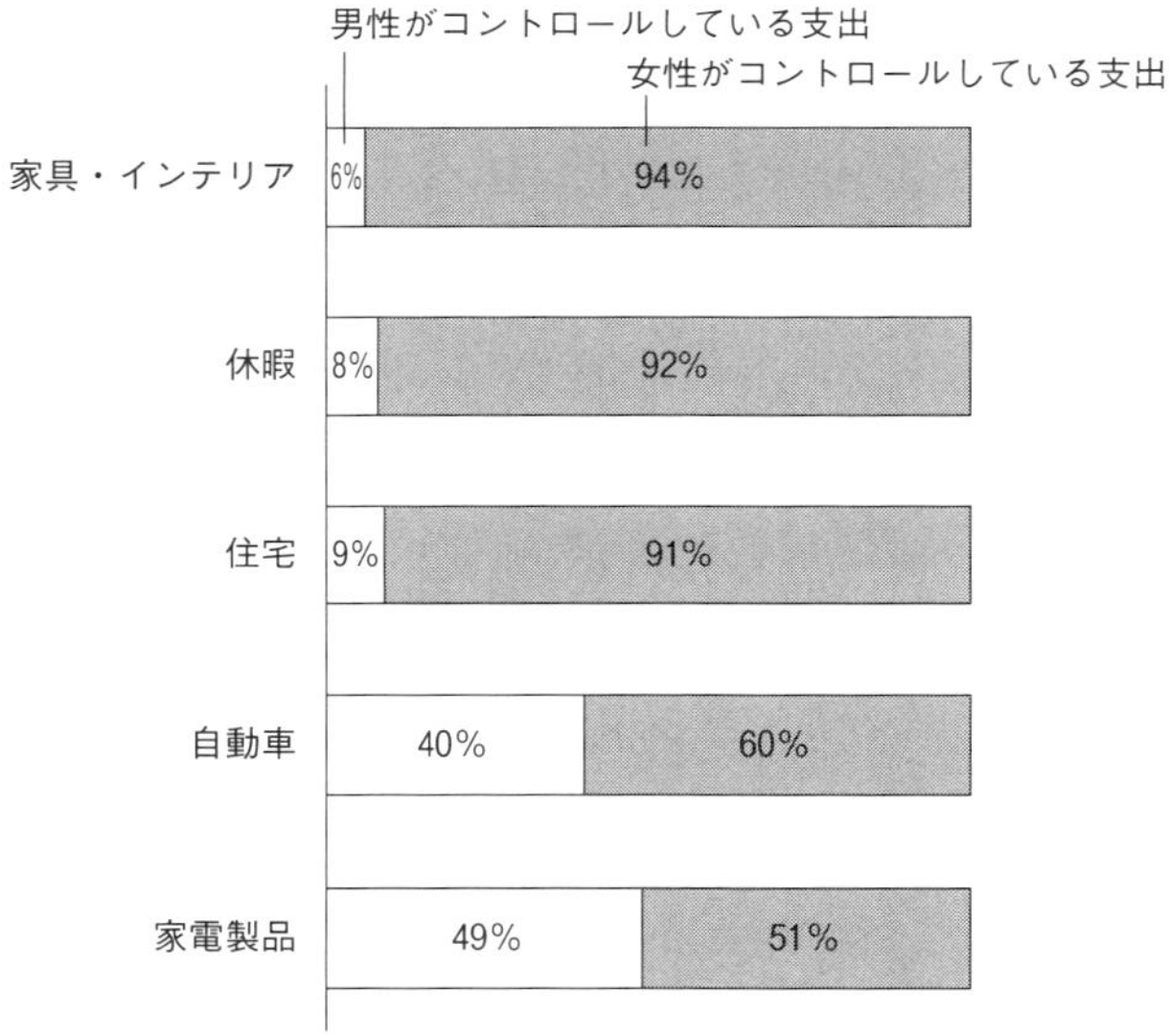

出所：マイケル・J・シルバースタインほか『ウーマン・エコノミー――世界の消費は女性が支配する』（ダイヤモンド社，2009年）

進出が進み、所得が向上したことが背景にあるのでしょう。

また、ボストンコンサルティンググループのグローバル調査によれば、世界の消費の64％は、女性が支配しているという結果が出たそうです。大きな買い物というと男性が決めているような印象があるかもしれませんが、実際には逆で、住宅、金融、家電、耐久消費財、医療といった主要経済分野の消費においては女性の影響力のほうが強かったのです。そしてこれは万国共通の特徴だといいます[2)]。

もちろんほとんどの家庭における日常的な買い物についての意思決定は女性がしています。内閣府の「男女の消費・貯蓄等の生活意識に関する調査」（2010年）によれば、女性が意思決定しているという割合は74・2％で、夫の4・4％、夫婦2人の19・2％を圧倒しています。

これだけ消費の場面で女性の影響力が強くなれば、各社は女性の心をつかむことに躍起になります。男性が女性にサービスするのもひとつの方法ですが、同じ女性がサービスしたほうが、共感も得やすく、かゆいところに手が届くサービスを実現できると考えるのが自然でしょう。

そのようなことから、顧客接点を担う仕事場面には女性の進出が顕著です。

先行して非正規雇用で顧客接点を担う女性が増えました。現在雇用者の3人に1人は非正規雇用で、これは1990年代から急増したものです。理由は正社員の賃金高騰や解雇規制

2）詳しくは、マイケル・J・シルバースタイン、ケイト・セイヤー著、石原薫訳、森健太郎、津坂美樹監訳『ウーマン・エコノミー――世界の消費は女性が支配する』（ダイヤモンド社）を参照。

の強化から、それを避けるために非正規雇用が求められたということがありますが、サービス業がGDPの大きなウェイトを占めるようになったことも大きく影響しています。

その後女性正社員のニーズも高まり、顧客接点を担う社員については、男性と同様に女性を配置している企業が多くなりました。

リクルートワークス研究所の調査[3]によれば、すべての雇用されている人のうち、50・8％、つまり2人に1人が顧客接点を担う仕事をしています。また女性正社員に限定しても、47・9％が顧客接点を担う仕事をしているということがわかっています。

そして、現場で顧客接点を担う人材を指導するスーパーバイザーや、管理する現場のマネジャーにも女性が昇進する形で増えていきました。

顧客接点からサービス開発へ

女性消費者が影響力を拡大することで、顧客接点のみならず、女性が使用することを念頭においた商品やサービスの開発分野にも必然的に女性が増えてきます。

実際に、女性が活躍してヒット商品が生まれたという事例がたくさん出てきています。

TOTOの事例をご紹介しましょう。

New Lavatory Spaceという洗面システムの開発の話です。女性トイレの洗面コーナーが昼休みに歯磨きや化粧直しなどで混雑しているのは日常風景ですが、女性利用者として日々オフィスや商業施設、駅等の公共施設の洗面コーナーに不満を感じていたＴＯＴＯの契約社員だった女性が、新しい洗面システムのあり方を提案したことが、この大ヒット商品のスタートだったそうです。

提案はしたものの、社内や設計事務所の男性との認識のギャップを感じたため、その女性は、駅や商業施設の洗面スペースをビデオ撮影し、現状をていねいに把握することに着手しました。そして、化粧直し、混雑の状況、荷物が置けないことなどを動画で見せ、現状把握→必要性理解→商品開発→空間提案までやり遂げたのです。

洗面台の使い方は、男性と女性ではずいぶん異なります。男性の場合は、手を洗うという用途がほとんどですが、女性の場合は化粧直しとしての利用が多いのです。男性が、意識もせずに男性利用者を想定してつくった洗面システムでは、「鏡との距離が遠く近づきにくい」「ポーチなど小物を置くところが濡れている」「照明が暗い」「隣の視線が気になる」な

3）　リクルートワークス研究所「ワーキングパーソン調査」（２００６年）

どの問題が山積していました。これらの問題を解決して、さらに使いやすく混雑を緩和できるようにするには、女性がユーザー目線で開発することが必然だったのです。

New Lavatory Spaceはたちまち多くの支持を得るヒット作になりました。提案した女性は正社員に登用されて現在も活躍しているそうです。

ＴＯＴＯでは、「きれい除菌水」や、感性品質に基づくシャワーなど、女性の活躍から生まれたヒット作がたくさんあります。女性のこだわりが出る商品群なので、女性が活躍する必然性があったということでしょう。

以前、花王に聞いた話もたいへん印象に残っています[4]。

花王は、化粧品や家庭用品という女性にとって身近な商品を作っているため、均等法以前から女性を積極的に採用していました。消費者がどんな商品をどのように使っているかを知るために自宅を訪問する「家庭訪問」は、花王が強みとするマーケティング手法ですが、女性が訪問する方が、より「日常」に近い生活行動を見せてもらえるということなのです。

マーケティングや開発に女性が増えてきたのは、このような背景があったのでしょう。

4　縦の組織を横につなげる

イノベーションの主役として女性が躍り出る

女性消費者という観点を除いても、女性が新商品・新サービスの開発に携わる理由はあります。

それは、イノベーションの推進役という視点です。

このお話をするためには、まずイノベーションの態様について説明しておく必要があります。

日本企業が成し遂げてきたイノベーションには大きく、２つのタイプがありました。従来のイノベーションの型としてよくみられたのは、「組織ぐるみの取り組み」で、「公式なミッションとして進めていく」タイプのイノベーションと、「個人主導の取り組み」で「非公式に闇研究として進めていく」タイプのイノベーションです。

4）リクルートワークス研究所「Works」118号 p.39-40

図表2-2　イノベーションストーリーの3タイプ

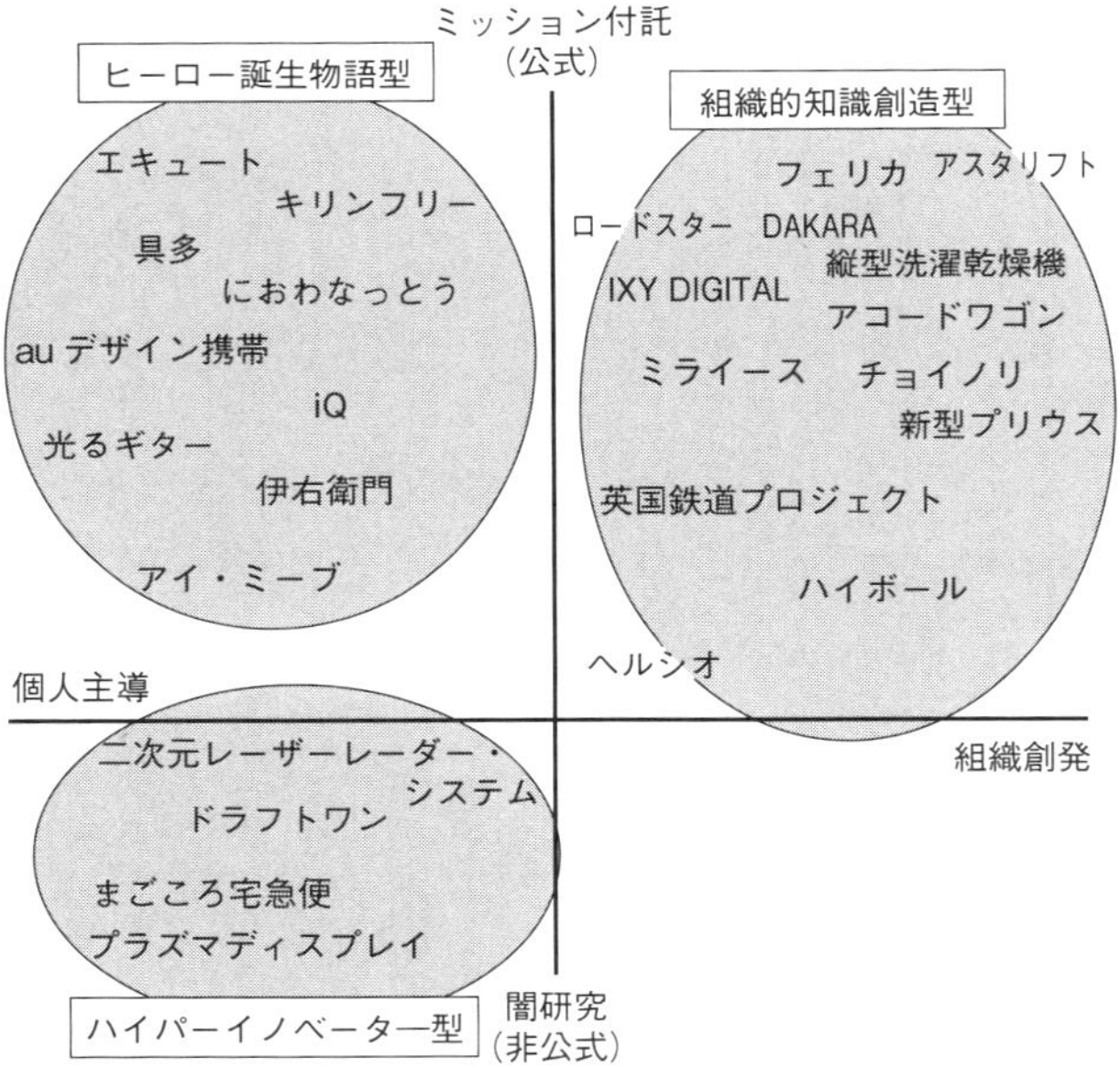

出所：リクルートワークス研究所『イノベーターはどこにいる？』(2014年)

前者は、自動車や電機など日本を代表する企業、各社の主要事業のケースが多くを占めています。一方後者は、新市場、ニッチ市場に攻め込んだベンチャーに典型的な案件が多く、強い思いをもった個人が、こっそりと案件を進めていて、機が熟したところで公式の仕事に仕立てていくものです。

かつてはほとんどのイノベーションがこの2つ

で分類できたのですが、この10年から20年のイノベーションには、新しい第３のタイプが目立ってきているのです。それは「個人主導の取り組み」だが「公式なミッションとして進めていく」というものです。

リクルートワークス研究所では、第１のタイプを「組織的知識創造型」、第２のタイプを「ハイパーイノベーター型」、新しい第３のタイプを「ヒーロー誕生物語型」と名付けました。図表２－２は人事専門雑誌「Works」の連載記事である「成功の本質」に取りあげたイノベーション案件を分類したものです[5)]。

すると「ヒーロー誕生物語型」では、「キリンフリー」や「エキュート」など、若手の女性をリーダーとして指名して、重要な新規事業開発案件を任せるケースが、かつてないパターンとして出はじめていることがわかったのです。

このタイプのイノベーションは、前提となる問題意識はすでに経営ボードで共有されているものの、解決手段がそれまで展開していた商品やサービスの延長線上にはなく、しかも社内で部門を超えた多くの協力者が必要となる案件なのです。

5）リクルートワークス研究所「イノベーターはどこにいる?」（Works Report 2014）。

このような案件では、男性以上に女性に活躍の舞台があるようです。

横をつなげる女性イノベーター

ヒーロー誕生物語型で女性が活躍した具体的なケースをあげておきましょう。

世界初のアルコール度数ゼロのビール「キリンフリー」を世に送り出したキリンビール株式会社の梶原奈美子さんのケースです。梶原さんはミッションを受けた当時まだ20代でした。「ビールの素人を主担当に」という意図があったようで、これまでのビール造りの発想にとらわれない人という人選でした。

アルコール度数ゼロのビールをいかに作り、いかに世に送り出すのか。そこにはいくつものハードルがありました。

梶原さんは、まずコンセプト作りで苦労します。ビール会社にとって飲酒運転を想起させるイメージはある種のタブーで、「クルマと生きる人類へ」という案はボツになりますが、「キリンフリーは飲酒運転撲滅を目指すCSR型商品」と経営トップが宣言するところまで持ち込み、かつてなかったパーキングエリアでの商品発表会にこぎつけました。

商品の味そのものについては、ビールに近いものを作るとビールより劣る商品になるので、お客様にプラスアルファの体験を提供して社会的に意義があるものにしたいと繰り返し語りました。彼女の思いが技術者を動かしていきます。

車の運転があるために、飲酒できないときに飲めるアルコール度数ゼロのビールからスタートしましたが、妊娠中でお酒が飲めない女性や、病気でお酒が飲めない人、休肝日に飲むもの、など想定外の飲まれ方もたくさん生まれました。

いくつもの困難を乗り越えて成功に導くことができたのは「本人の頑張りをみんなが認め、みんなに信頼され、『なんとか力になってやりたい』と思ってもらえたから[6]」でしょう。女性らしいリーダーシップの発揮の仕方と言えるかもしれません。組織の壁や過去の慣習にとらわれず、今の「想い」を素直に、熱心にぶつけることで、大きな仕事を達成したのです。

町おこしでも、女性リーダーが活躍するケースが増えてきています。地域には多くの資源がありますが、人間関係が壁になって、いいアイデアでも前に進まないことが多いのです。子どもの時から近くにいた人同士は、時に犬猿の仲になることもありますし、隣接する地域

6）勝見明『なぜ、20代女子社員は超ヒット商品を生み出せたか――「キリンフリー」大成功に学ぶ仕事術』（プレジデント社）5頁

は利害対立があって仲が悪いという話はどこの地域でもあります。そういう時によそ者の女性がリーダーになると、平気で誰とでも話し、協力を要請しますから、「仕方ないな」となって物事が動くのです。

人間関係を横につなぐ、ということです。既存の組織はたいてい縦割りになっていますから、それを横につなぐ役割として女性に期待が集まるのです。

一般的に女性管理職が少ないＢｔｏＢ企業で、かえって女性イノベーターが活躍するというケースもあります。ＢｔｏＢと言っても、その先にはＣ（カスタマー＝個人ユーザー）がいるわけですから、女性カスタマーがいれば、消費場面を想定して、直接の顧客に良い提案をすることもできるでしょう。また社内に対して、部署をまたぐ調整をする場面でも、横につなぐ力が生きるのです。

帝人で、ニトリプロジェクトチームのチーム長を務める若杉理可さんにインタビューしたことがありました[7]。帝人は技術力を売りにする企業で、エンドユーザー向けの商品よりは、中間財を企業に提供する事業が売り上げの主体となっているＢｔｏＢ企業です。

家具やインテリアなどを扱うニトリとパートナーシップを組み、ニトリに商品を提供することになった時に、そのチームの責任者として入社10年目の若杉さんに白羽の矢が立ちました。若杉さんはそれまでに、「ＴＥＩＪＩＮくらし＠サイエンス」という一般消費者向けサイトの担当としてエンドユーザーと向き合ってきた経験があり、その後、ショールーム「テイジン未来スタジオ」館長として、社内のあらゆる技術分野を見てきた経験があります。ニトリプロジェクトでは、その両方の経験がまさしく生きるのです。

ＢｔｏＢｔｏＣの視点を持ち、社内全部署とネットワークを持って、ニトリ社向けの新しい商品の開発場面では、顧客に提案し、帝人社内を説得して歩くという活躍をしています。「顧客の顧客」を考えて、顧客の要望を社内にフィードバックして、必要な人の力を借りて、やるべきことを前に進めていくことができるのは、男性以上に女性が強いように思います。

女性リーダーの可能性は、ずいぶんと広がっているのです。

---

7)　リクルートワークス研究所「才能を開花させた人たち」
http://www.works-i.com/column/saino/vol_03/saino_vol3.html

第3章　数値目標は是か非か

女性活躍推進策のなかで、もっとも賛否両論が激しく出てくるのが、管理職に占める女性の割合に一定の目標をもって取り組むというポジティブ・アクションの是非です。目標を持つことの良し悪しを考えてみたいと思います。

1　国際公約となった「2030」

日本再興戦略でKPIに設定

リーダー的立場に占める女性の割合を2020年までに少なくとも30％程度までに高めるということは、「2030《にいまるさんまる》」と言われる政府の目標であり、国際公約です。

残念ながら、現時点での日本はかなり悲観的な状況です。図表3－1にあるとおり、管理職に占める女性の割合では、アメリカ、イギリス、フランスなどの欧米諸国だけでなく、フィリピン、シンガポールなどのアジアの国々にも大きく後れをとっています。日本と韓国だけが、完全に取り残されている状態と言えるでしょう。

しかも、就業者に占める女性の割合は42・3％と、他国と変わりません。就業者の割合は変わらないのに、管理職の割合が低いということは、それだけ日本では女性は差別されてい

図表3－1　就業者及び管理職に占める女性の割合（2012年）

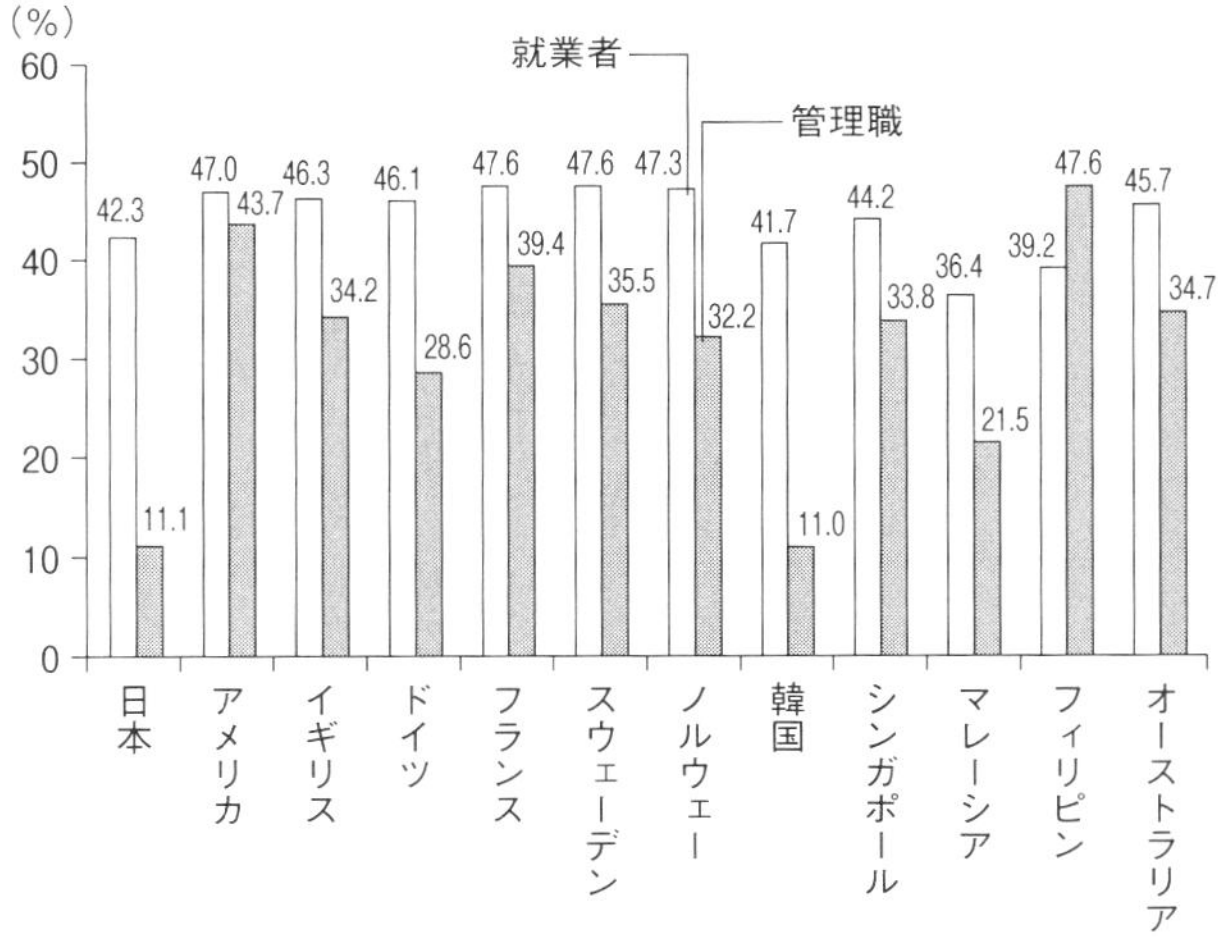

出所：労働政策研究・研修機構「データブック国際労働比較2014」

ると言われても、仕方がない状況であるということです。

２０１３年9月に行われた国連総会の場で、安倍総理は一般討論演説を行い、大半の時間を女性活躍の推進というテーマに費やし、次のようなことを述べました。

・ウーマノミクスという言葉があるように、経済成長のために女性が働きやすい場をつくるということ。

・「女性が輝く社会をつくる」ために、国内の仕組みを変えようとしていること。

・女性支援を、日本外交を導く糸

としていくこと。
・そして女性の社会進出を進めることと、能力開発を進めること。
日本の代表が国連の場で、これほど積極的に女性のテーマにコミットしたスピーチをしたことはありません。しかも女性の活躍という意味では、後進国になってしまった日本からの発言のため、各国からは新鮮に受け止められ、マスコミも注目したようです。安倍首相は退路を断って、国際公約として女性リーダーの輩出を進めることを宣言したと見ていいでしょう。

「日本再興戦略」では、指導的地位に占める女性の割合を2020年までに少なくとも30％程度にするという、成果目標（ＫＰＩ：Key Performance Indicator）を掲げました。ちなみに2014年に発表された日本再興戦略改訂版では、この目標に対する現在の数値は、2012年6・9％、2013年7・5％だと明記されています。2010年末段階で、国会議員のうち女性は11・4％、地方議会議員のうち8・1％、市区長のうち2・2％、町村長のうち0・6％ですから、30％という数字がいかに高い目標かということがわかります。

「国・地方公共団体、民間事業者における女性の登用の現状把握、目標設定、目標達成に向けた自主行動計画の策定及びこれらの情報開示を含め、各主体がとるべき対応等について、検討する。さらに、各主体の取組を促進するため、認定などの仕組みやインセンティブの付与など実効性を確保するための措置を検討する。これらについて今年度中に結論を得て、国会への法案提出を目指す」としています。

もともと２０１０年に閣議決定した「第３次男女共同参画基本計画」でも、「２０２０年までに、政治家、公務員、管理職、役員、大学教授等、指導的立場にある者の30％を女性にする」という目標を掲げていたのですが、あまり真剣に達成を目指そうとする姿勢は見られませんでした。

公務員採用では、２０１３年度国家公務員採用で女性比率26・８％だったものを、２０１５年度は30％に引き上げるように総理が指示していますし、局長級の人事でも、女性の登用が目立ちました。

また、閣僚に占める女性の割合を増やすべく、女性の大臣登用増を打ち出しました。

女性活躍の「見える化」

数値目標の設定とともに進めているのが、情報公開です。

日本再興戦略では、有価証券報告書、コーポレートガバナンス報告書を通じて、女性の登用状況の情報開示を進めることを打ち出しています。経済団体の反対を押し切って、政府が前に進めました。

いわゆる「見える化」ですが、この施策は大きな効果を生むことがわかっています。

その例として知られているのが韓国です。韓国では２００６年に積極的雇用改善措置制度を導入しました。

従業員１０００人以上の事業所（２００８年からは５００人以上の事業所に拡大）を対象に、毎年、雇用改善の目標値や実績、雇用の変動状況を雇用労働部に報告することを義務づけました。

優秀企業は表彰する一方で、平均値の60％に満たない企業には改善を勧告するという措置をとっています。対象企業が提出した報告書によると、女性従業員比率は２００６年の30・7％から２０１２年には35・２％に増え、女性管理職比率も10・２％から16・６％になったといいます。年に１％ポイント程度の改善効果があがっているということになります[8)]。

日本と韓国だけが女性活躍において後れを取っているわけですから、韓国の取り組みや改善は、日本政府に危機感を募らせることになりました。

すでに内閣府男女共同参画局は、女性の活躍「見える化」サイトを立ち上げていて、

２０１４年８月の時点で、上場企業３５５２社中１２２３社が情報を公開しています。

２　企業ごとの数値目標

増加する目標設定企業

民間企業において管理職に占める女性割合はどの程度でしょうか。これについては、さまざまなデータがありますが、帝国データバンクの２０１４年７月調査（１万１０１７社が回答）によれば、平均６・２％という数字が出ています。

企業の規模が大きくなるほど比率は低くなる傾向にあり、日本経済新聞社の分析によれば、上場企業平均では４・９％[9]となっています。

大企業ほど小さくなるというのは、優秀な男性を採れるだけの採用力を持っているという

8）ニッセイ基礎研究所・金明中「韓国における積極的雇用改善措置制度の効果」を参照。
9）２０１４年３月時点で、内閣府の、女性の活躍「見える化」サイトで情報を公開した上場企業１１５０社のデータを日本経済新聞社が分析した結果。

ことと関連しているのでしょう。

また業種別でみると、金融、小売やサービスで高く、製造業や建設業で低い傾向があります。

しかしながら、「女性管理職を必要とするほど困っていない」とか、「もともと男性職場で女性には敷居が高い」という理由が通用しない外圧がかかりはじめていることも確かです。

2013年の段階で上場企業に調査したところ[10]、女性管理職目標の設定は、企業として設定しているところが5・5％、人事部として設定しているところが6・3％となっていましたが、今後重い腰を上げて、女性の採用数や管理職に占める女性比率に数値目標を設定する企業が増えていくでしょう。

日本経団連は、2014年7月、約50社の女性登用の自主行動計画を公表しました。はじめの一歩ということですが、今後これを契機に女性活躍推進の議論が進んでいくことでしょう。

数値目標の設定で話題を集めたのがイオングループです。イオングループは国内外で、パートタイマーも含めて42万人が働いています。社長の岡田元也氏が2013年の株主総会で「入社段階では女性比率が5割なのに、管理職への女性登用は1割で、生産性を低下させる要因になっている」と発言。グループとして、女性管理職比率を2016年までに30％、2020年までに50％にすることを明言しました。女性管理職比率は、イオンの場合、発表当時約７％でしたから、思い切った改善目標だと言えます。図表３－２の一覧のなかでも飛びぬけて高い目標であることがわかります。これまでの人事管理を革新的に変えない限り達成できない目標であり、グループ各社にダイバーシティ推進責任者１名とリーダー２名を配置して、実現に向けて取り組んでいます。

噴出する反対論

一方で、このような数値目標を設定して女性管理職を増やしていくことについては、多くの反対論があります。

上場企業のなかには、かつては数値目標を掲げていたが現在は廃止したという企業も１・３％あり[11]、社内に根強い反対や抵抗があったことがうかがわれます。私たちも、企業のダイバーシティ推進担当から「社内の反対派をどのように説得したらいいか」、「消極的な役員にどのように話せばいいか」と相談を持ちかけられることがあり、多くの企業で悩みの種と

10）リクルートワークス研究所「人材マネジメント調査」（２０１３年）
11）前出、人材マネジメント調査

図表3－2　管理職に占める女性の割合に目標を設定している企業の例

企業名	目標
IHI	2018年度までに3%以上
イオン	2016年までに30%、2020年までに50%
AGS	2018年12月末までに5%以上
ANA	2020年度までに15%
SCSK	2018年までにライン管理職100人、 2020年までに指導的地位30%
NKSJホールディングス	2015年度末10%、2020年度末30%
NTTグループ	2020年度までに6%
オーシャンシステム	2015年度までに28%
キリンホールディングス	2015年までに5%
グラクソ・スミスクライン	2015年までに女性部長職10%以上
KDDI	2015年度までに7%
コマツ	2015年度に5%
JT	2024年に10%
シャープ	2019年に5%
セブン&アイ・ホールディングス	2015年2月末までに20%
第一生命保険	2016年までに20%以上
東急コミュニティー	2017年3月末までに10%
東芝	2015年度に5%
TOTO	2017年に10%
トッパン・フォームズ	2014年までに5%
日本電産	2015年までに20%以上
富士電機	2015年度末までに2.2%
丸井グループ	2020年までに30%以上
水戸証券	2015年度末までに10%以上
郵船ロジスティクス	2019年に10%

出所：内閣府「女性の活躍『見える化』サイト」(2014年)

なっていることを実感しています。

一度役員会で決めても、現場にそれを浸透させようとすると、「男性に対する逆差別だ」という不満や、「無理に女性管理職を増やせば現場が混乱する」という反対論が噴出するのです。一度は賛成した役員も現場の反応を前にして心が揺れることもあるでしょうし、「実は私も反対だったのだ」と言ってしまうこともあります。そうなると、もうその企業の女性活躍推進は前に進まなくなってしまいます。

数値目標の設定は、「差別などが存在する場合に、実質的な機会均等を実現するために暫定的に講じる措置」であるポジティブ・アクション（積極的改善措置）の手法のひとつです。

少し詳しく整理しておきます。

ポジティブ・アクションという言葉は、主に欧州で使われている言葉で、アメリカではアファーマティブ・アクションと呼ばれています。アメリカで1964年に成立した公民権法がはじまりで、性別や人種を理由とした差別を撤廃するためには、禁止するだけでは不十分で、本当の意味で対等な競争が実現するまでの間は失われた分の機会を補填すべきだという考え方がベースになっています。

ポジティブ・アクションの是非については、当時から現在に至るまで激しい論争が繰り返されてきました。以前にＮＨＫで放映された「ハーバード白熱教室」でもこのテーマが取り上げられていましたが、討論の好材料なのです。

２０１４年の世界経済フォーラム年次総会（いわゆるダボス会議）では、数値目標によって女性の地位を確保することには問題があるという意見が、女性リーダーから寄せられています。たとえばイスラエル中央銀行で初の女性総裁となったフルグ氏は「条件を満たさない人物を引き上げれば、いずれ逆噴射が起こる」と発言。アフガニスタンの女性活動家であるオルザラ・アシュラフ・ネマト氏も、国会における女性枠が「成功していない」と述べています。

ちなみに国民のポジティブ・アクションに対する意識はどうかというと、内閣府の調査によれば、賛成25・7％、どちらかといえば賛成30・6％で賛成が合わせて56・3％。反対5・2％、どちらかといえば反対12・8％で反対の合計が18・0％となっています。ただし、わからない・どちらともいえないが25・6％もあるので、まだ日本では議論がし尽くされていないのでしょう。

アメリカの場合は、賛成合計が71・0％、反対合計が27・3％で、わからない・どちらともいえないは1・3％しかいません。議論の結果7割賛成、3割反対という線に落ち着いたのでしょう。

ただし、ポジティブ・アクションにはいくつかの方法があって、現在日本が進めている数値目標と達成期限を決めるゴール・アンド・タイムテーブル方式の他に、あらかじめ枠を決めて割り当てるクォータ方式とがあります。

ポジティブ・アクションに対する論争は、主にクォータ方式を念頭に置いたもので、より穏やかなゴール・アンド・タイムテーブル方式について賛否を問えば、もう少し賛成者が増えるはずです。

また、反対論でよく出てくる「(男性に対する) 逆差別だ」という視点については、既得権益を持った当事者 (＝男性) としては、その心情はよくわかるのですが、ポジティブ・アクションが、実質的な機会の平等を実現する合理的なものであれば、「憲法上、平等原則に反しない」という判断が確定しています。事実、男女共同参画社会基本法の第2条には、ポジティブ・アクションについての規定があることからもわかります。

3　目標値の合理性と現実味

クォータ制という先例

クォータ方式について整理しながら、さらに数値目標について考えてみたいと思います。よく知られているのは欧州のクォータ制（Quota System）です。政治システムにおける割当制度からはじまりました。民主主義国家では、国民構成を反映した政治が行われるよう、政治家や審議会委員、公務員の人数を制度として割り当てるべきだと考えたのです。

ノルウェーが発祥で、１９７８年に男女平等法が施行されると、それぞれの性が40％以上になるように割り当てが決められました。

その後株式上場企業の取締役会にもクォータ制が適用され、現在ではノルウェー、オランダ、フランス、イスラエル、スペイン、アイスランドなどで取締役会における割り当てが導入されています。

ただし、ノルウェーで取締役会のクォータ制ルールが発表された時、対象企業の株価は大幅に下落し、その後数年間企業業績にもマイナスに影響したことがわかっています。クォータ制の対象となることを避けるために、わざわざ上場廃止する企業も出てきたため、上場企業は２００９年で２００１年の７割弱まで減少して、反対にクォータ制の条件を満たさない非上場企業は30％増えたのです。

これには数値の妥当性や現実性の問題もあるのでしょう。確かに、国民構成を反映させると片方の性が40％を切らないというルールが出てくるのでしょうが、すべての企業で取締役の仕事ができる女性が都合よく揃うということは、なかなか難しいでしょう。理想を追い求めて現実を無視すれば、弊害も出るということなのです。

現在の状態を冷静に見つめて対策を

このクォータ制の負の側面を取り上げて、数値目標の設定は好ましくないとする主張もあるようです。しかし、その前に、次のような視点で現在の会社の状況をチェックしておく必要があると思います。

まずは、管理職昇進標準年齢以上における男女比率と、管理職に占める男女比率に大きな乖離があるかどうかということです。管理職に関する議論ですから、対象は正社員に限っていいと思います。コース別人事制度を採用している場合は、総合職に限って数字を計算してもいいでしょう。そこに乖離があるとしたら、教育・成長機会や、昇進判断において、いつのまにか女性が不利になっている可能性があります。特に乖離が大きいときは、数値目標を決めてできるだけ早く改善したほうがいいのです。

これは企業戦略としての女性活躍推進の前の段階。つまり機会均等が実現できていないことを示している可能性があるからです。

現在は管理職昇進年齢に達している女性が少数で、一方、20代の女性社員は相当数いるという場合はどうでしょう。これから5年後、10年後に今の20代の女性社員がその年齢に達するということであれば、5年後、10年後の目標を掲げるという方法もあります。そうすることで、現在はまだ若い女性社員たちに対して、将来管理職になっていくことを期待しているのだというメッセージを発信することができます。このケースであれば数値目標を敬遠する理由自体がないのではないでしょうか。

どのような理由にしても、女性リーダーがほとんどいないということであれば、やはり対策は必要です。管理職のうち女性は2%とか3%という状態であれば、どのような理由があるにせよ、女性が活躍していない会社であることは確かですから、まず新規採用に占める女性割合を目標に掲げるところから時間をかけて取り組んでもいいと思います。

私たちは、女性管理職比率10％未満の会社は、なんらかの対策を取った方がいいと思っています。その根拠は、日本では就業者数に占める女性の割合が40％を超えているという事実があり、今後戦力として女性を活用しなければ労働市場の変化に対応できないという問題があるからです。それに加えて、政府は２０１０年の第３次男女共同参画社会基本計画で、民間企業における課長相当職以上に占める女性の割合を２０１５年までに10％程度にするという目標を閣議決定しているのです。

あまりにも女性が活躍していない現在の状態は、評判のリスクにさらされている状態だと考えた方がよいと思います。できるだけすみやかに是正するために、むしろゴール・アンド・タイムテーブル方式で数値目標を積極的に活用していくべきではないかと思うのです。もちろん無理がある数字を掲げれば副作用も生まれます。だからこそ、現状を精緻に分析して、適切な目標を掲げることがとても重要なのです。

ちなみに、女性管理職が少ない理由として「女性は管理職昇進年齢に達する前に離職してしまうから」という理由をあげる企業は、その問題をきちんと認識しているのでしょうか。女性離職率が高いということは、つまり、長く働ける環境を整えていない会社だと公表しているようなものだからです。

そして仮に長く働いたとしても、管理職が増える保証もありません。現在の日本では、勤続年数が同じでも女性の管理職割合は男性よりはるかに低いのです。シカゴ大学教授で経済産業研究所のフェローをつとめる山口一男氏が、2009年に実施したワークライフバランスに関する国際比較調査を分析したところ、「女性正社員が一生その企業に勤めて達成できる課長以上割合を、男性正社員は11～15年目に達成する」ことがわかりました。

離職してしまうなら定着を、そして何より育成を。現状を冷静に把握して、まず目の前の課題を解決するために、数値目標をうまく活用することです。

4　男女平等は本当にフェアか

誰もが納得する基本方針はあるか

数値目標に関して、男性社員は、理屈では納得しても、心情的には不満ということもあります。実際に企業において管理職比率に目標を設定する場合に、多くの人が納得できる方針とはどのようなものになるのでしょうか。

これは、なかなか難しい問題ですが、ひとつ言えることはトップが信念をもって方針を伝えることです。

人事部門やダイバーシティ推進室が説明しても感情的問題はなかなか解決できませんが、経営トップが自らの言葉で社員に説明すれば、社員にはそれを受け止めよう、尊重しようという意識がはたらきます。

ダイバーシティ・マネジメントというのは、ボトムアップでやるものではありません。原則はトップダウンで行い、具体的な戦術論に話が移ったところで、ボトムアップを重ねていくのが成功のポイントになるでしょう。

また、目標設定と同時に、男女に同じ期待と同じ成長機会を与えることを宣言し、その通り実行することが欠かせません。詳細は第5章で述べますが、男女が同じだけ勤務年数を重ねていったら、出産前後の休業分は割り引いても、同等に管理職に昇進するようになっていなければおかしいのです。

そのうえで、管理職登用の論議のときに「候補者に男性と女性がいて、能力等が同等であれば、女性を優先する」という判断基準にすればいいのだと思います。

能力や経験で女性の方が劣っているとしても、男性ではなく女性を管理職にするということであれば、さらに反対意見は多くなるでしょうが、そこまでを求めているわけではありません。

ただし出産というイベントを抱えているということについては、配慮をしたほうがいいでしょう。それは出産によるブランクを過剰にマイナス評価しないということです。

男性社員の納得を得るために、「男性と女性をまったく区別せずに同等に扱う」と宣言する経営者も見かけますが、ここまで言うと別の意味では危うさを感じます。

これまで女性に対して、結果的に差別してきたために管理職比率が低いときに、「今からはフェアにやります」と言うことが、本当にフェアなのでしょうか。

少なくとも女性は意思決定ボードにおいてはマイノリティで、多くの場合、経験の幅を広げるような機会ももらっておらず、出産と育児両立の問題を抱えているのですから、まったく同等ならば、それは、女性はハンデを負ったままということになります。だからこそ、ポジティブ・アクションが必要だという発想が出てくるのです。

もちろんそのようなことを言いたくて「男女はまったく同じ」と言っているのではないのでしょうが、女性に真意が伝わるかどうかは疑問に思います。

「下駄を履かせる」ことのもうひとつの解釈

「女性に下駄を履かせてまで管理職にするのか」

必ず出てくる疑問であり、それに対する答えは前項に書いたとおりなのですが、本音で言えば、実は「下駄を履かせてもいい」と思っています。

それは、女性の場合、男性以上に、「期待に応えようとして頑張り、その結果として成長する」という特性があるように思うからです。管理職や特別なプロジェクトのリーダーに女性を起用する場合、その女性の強みをよくわかっている上司がいて、「まだ必要な経験を充分に積んでいないし、能力も未知数だが、大きな可能性を感じるから思い切って任せてみよう」と判断することが、往々にしてうまくいくのです。これを「期待任用型」と呼んでいます。

一般的には、それまでの経験や発揮してきた能力を評価して任用する「評価任用型」ですが、上級管理職や役員になっている女性には、どこかの段階で、思い出に残る上司との出会いがあり、その上司に過分な機会をもらって、そのときに成長できたというキャリアの物語を持っている人が多いのです。

もちろん期待任用した上司には、見守って、必要なときに手を差し伸べる覚悟が必要なのですが、そのような育て方もあるということです。

もうひとつ、「下駄を履かせる」ことを正当化する論拠があります。

それは、「採用段階では男性に下駄を履かせているのだから、昇進段階で女性にハイヒールくらい履かせてもいいのではないか」ということです。この比喩は半分冗談なのですが、真面目にそう思っています。

多くの企業の採用責任者の実感だと思いますが、新卒採用の段階では、男性と女性を単純に比べたら女性のほうが優秀です。評価の順に内定を出していったら内定者の女性比率が高くなりすぎてしまうので、男性に「下駄を履かせて」、つまり将来の伸びしろを見込んで、内定を出しているのです。

それならば、その借りを管理職昇進の場で払ってあげればいいと思います。

この話は女性活躍推進のセミナーなどでするのですが、共感してくれる人は多いようです。あまり論理的な理由ではありませんが。

第4章　この機会に労働時間を見直す

女性差別が蔓延している職場というのは今ではほとんど見かけなくなりました。それでも女性活躍が進まないのは「長時間労働」という最大の障害があるからです。本当に女性を活躍させたいと思うならば、長時間労働の改善に真剣に取り組まなければなりません。

1 「残業が当たり前」の時代の終焉

日本型雇用システムにおける残業の意味

女性の企業内部での活躍を本当に支援しようとしても、残業および長時間労働が前提になってしまっている今の日本企業の働き方・働かせ方のままでは、成功する可能性はとても低いでしょう。

残業ができる人でなければ評価されず、昇格もしづらいということでは、家事や育児の責任をほとんど一手に引き受けている大多数のワーキングウーマンには、圧倒的に不利です。近くに両親が住んでいて助けてもらえるとか、夫が時間の融通の利く仕事をしているなどという、恵まれた条件にある人にしかリーダーになる道が開けません。

女性活躍推進を成功させるための、本当の意味でもっともてごわい課題は、日本企業における「残業を前提とした長時間労働体質」かもしれません。

どうやってこの長時間労働体質を改善するかを考える前に、そもそもなぜ日本企業が長時間労働体質になるのかを考えてみたいと思います。

日本企業では、長年、長期継続雇用の正社員を中心とした雇用システムが運用されてきました。新規大卒者を一括して大量採用し、その人たちを60歳の定年（現在ではさらに65歳までの雇用機会をつくることも義務付けられています）まで雇用し続けることは、企業の責任です。

こうした長期雇用システムのなかでは、その人の能力や業績の差を、早い時期から明確にして処遇や昇格・昇進に差をつけることを、なるべく避けるようになります。いわゆる「遅い昇進」という慣行です。それは、早い時期に低い評価を受けた人のモチベーションが下がってしまった場合でも、そのような人たちも長い間雇い続けなければならないからです。

評価に差をつけ始めるのは、40歳を超えてからなど、遅くなってからのほうが、多くの人を高いモチベーションのまま、長い期間にわたって仕事に向かわせることができたのです。

こうして業績や能力で差がつかないとなると、働く人としては、会社からの評価を得るためには「忠誠心」で競争することになります。そして、忠誠心は、時として「どれだけ長く会社のために時間を使えるか」で測られることになりました。

こうした事情に、日本人に特有の勤勉さが加わるため、日本企業と日本人の間では、残業と長時間労働は当たり前になっていきました。

日本では、正社員はフルタイム労働が基本ですが、ここでいうフルタイムは1日8時間／週40時間働いて定時に帰る人のことではありません。日本の正社員のフルタイムとは、「何時間でも残業が可能なこと」「オーバータイムで労働できること」とほぼ同義になってしまっているのです。

ＯＥＣＤの調査によると２０１２年の日本の雇用者の平均年間総実労働時間は１７４７時間。ＯＥＣＤ平均よりもやや少ないので、これならば一見問題ないように見えます。しかし、これはパートタイマーなども含まれているためで、いわゆる正社員ホワイトカラー層を取り出してみると、様相はまったく異なります。

リクルートワークス研究所の調査によれば、正社員ホワイトカラー（管理職・事務職・営業職・専門職・技術職）に限ると、平均年間総実労働時間は２２３９時間になります。

週50時間（年２５００時間）以上の長時間労働者割合は31・４％、また、過労死の危険性があるとされる週60時間（年３０００時間）以上の労働者割合も10・２％と、長時間労働者

図表４－１　ホワイトカラーの週あたりの労働時間

（%）

	男女計	男性	女性
35 時間未満	3.7	3.1	5.3
35-40 時間未満	10.5	7.1	18.5
40-45 時間未満	36.8	33.3	45.0
45-50 時間未満	17.6	18.8	14.7
50-55 時間未満	17.8	21.2	9.8
55-60 時間未満	3.4	4.1	1.7
60-70 時間未満	7.3	8.8	4.0
70 時間以上	2.9	3.7	1.1
50 時間以上計	31.4	37.8	16.6
60 時間以上計	10.2	12.5	5.1
平均（時間）	44.77	46.01	41.88

注：管理職、事務職、営業職、専門職・技術職の合計
出所：リクルートワークス研究所「ワーキングパーソン調査2012」

の比率が高くなっています。

男性だけでみれば、週50時間以上労働者の比率は37・8％、週60時間以上労働者比率は12・5％とその比率はさらに高まります。

このとおり、男性の正社員は、長時間労働を厭わないで働き、企業に対する忠誠心があることを示すことが当たり前でした。

「夜を徹して」「終電がなくなるまで」仕事をすることは、いまだになかば「自慢」として語られ、「美徳」として褒められることもあります。

そして、このように男性が長時

間働ける体制を整えるために、これまでの日本社会では、多くの家庭で、家事責任や育児の責任を女性が一手に担っていました。

そのために女性が働かなかったり、働くのをセーブしたりすることになっても、長時間労働をする男性が企業で評価され出世すれば処遇がよくなるので、家庭を経営するという面からみれば、それは合理的だったのです。

しかし、一方で、「残業を厭わない」人たちがマジョリティを占める日本のホワイトカラーの生産性は、低いままで据え置かれることになりました。

これは、残業することが評価されることにつながっているために、「時間内に終わらせなくては」「早く帰りたい」という方向に意欲が高まらないということが大いに関係しています。

「残業を厭わない」社員はもう採れない

しかし、「残業を厭わない男性と家庭を守る女性」という構図は、これから先の日本社会では、おそらく維持することができないでしょう。

人口減少社会に向かう日本では、さらに女性が労働市場に参入することが求められていますし、高齢者比率が高まるので、その世代の介護では、女性だけではなく男性もが担い手になることが求められます。

家事責任や育児の責任を負っている女性は、長時間労働はできませんし、介護責任を負う必要のある人が増えれば、この人たちも長時間労働はできなくなります。

何よりも、今の20代くらいの若い世代では、男性でも子育てなどに意欲的に参加したいと考える人が増えていますし、彼らは、長時間働いて会社への忠誠心を示すことにどれほどの見返りがあるのかについても、疑問を感じています。

男女にかかわらず増えてくる「働き方に制約がある社員」もしくは「時間に制約なく働くことに魅力を感じない社員」をも、大切な戦力として活用したいと思うならば、「長時間労働」を前提にした働き方を改めなくてはなりません。

単に女性活躍推進のために残業をやめる、というのではなく、これをきっかけに、より効率的な働き方を追求し、すべての人のワークライフバランスをよりよいものにしていくことが大切です。

それは、多くの働く人がワークライフバランスを高めて、サステナビリティ（持続可能性）のある働き方をしたいと考えはじめているからです。そういうニーズを充足できる会社が、優秀な人を取り込むことができるようになるため、結果として組織としてのサステナビリティも高められることになると思います。

もうひとつ、企業が、長時間労働の慣習を見直さなければいけないと考える理由があります。それは、組織におけるイノベーションや変革の観点での話です。

若いうちならまだしも、中堅になり、管理職になっても、いつも長々と会社に残っている人は、インプットの絶対量が少なくなり、また、インプットの種類や幅も少なく、狭くなってしまいます。会社の中核にいる人々がそのように新しい知識を持たず、狭い視野でしかものを見ることができなければ、その組織にはイノベーションも変革も起こらなくなってしまうでしょう。

年齢を重ねても残業ばかりしている人は、いつの間にか、仕事のできない人、新しい価値を生めない人になっていく、ということでもあります。

長期にわたって会社に価値をもたらす人を育てる、という意味でも、長時間労働からの決別は日本の企業に必要なことなのだと言えるのです。

ゲームのルールを変えよう

さて、実際にはどうやって長時間労働を減らすのでしょうか。手始めにやらなくてはいけないのは、働き方のルールを「野球型」から「サッカー型」に改めるということです。

ここでいう野球型とは、終了時間が定められておらず、決着がつくまで試合が続く働き方、サッカー型とは、前半45分、後半45分と、プレイできる時間が決まっており、その限られた時間内でどうやって得点を稼ぐか（パフォーマンスをあげるか）で勝負する働き方、という意味です。

働き方のルールを野球型からサッカー型に変えるということ、そして、審判（経営者やマネジャー）は、ルールが変わったということをプレイヤー（従業員）に宣言して、新しい戦い方でパフォーマンスをあげた人を評価するというように、評価のルールも変えなくてはいけません。

長時間労働をやめようというと、多くの企業や人からさまざまな反論が寄せられます。よくあるのは「業務特性のため、長時間労働はいたしかたない」という声です。でも、よく聞いてみると、その会社の海外法人では同じ仕事を定時でやっていたりするのです。

ここは、「うちでは難しい」という思い込みを捨て、できると信じて取り組む姿勢が重要になるところです。

ところで、2014年になって再び盛り上がりをみせているホワイトカラーエグゼンプションの議論では、年収1000万円以上の高度人材は、働いた時間ではなくパフォーマンスに応じて対価が決まるべきなので、労働時間に応じて支払う手当てを廃止する、ということが検討されています。

この議論では、この制度の効果として「長時間労働が削減される」という政府側と、「長時間労働を促進する」という労働側の意見が対立しています。

しかし、残業時間を賃金に反映しないというのであれば、同時に残業を前提としないような働き方改革にも取り組む必要があるでしょう。今のままでは、一部で言われているように「残業代不払い」法案だと騒がれても、反論するのは難しいのではないでしょうか。

2　育児中の女性は時間価値に目覚める

仕事以外の時間の価値が低い男性正社員

たとえば仕事をしていて、「あと15分で定時の午後6時だな」と気づいた時に、「急がなくては！」と思う男性のビジネスパーソンは少ないかもしれません。

先に説明したとおり、日本企業の正社員にとっては、残業することは基本的に悪いことではないという認識なので、定時退社時間と自分が本当に帰る時間を一致させようという気持ちがそもそも少ないのです。

「終わらないなら、あと30分くらい残ってやればいいか」

「特に急ぐ用がないからのんびり片付けられる」

というように、比較的「気軽に」残業する人が多いのです。

しかし、ワーキングマザーは事情が違います。

彼女たちには「できなければ残業すればいい」という選択肢は、基本的にありません。

子どもを迎えに行き、ご飯を食べさせるという任務があるからです。なんとしても時間内に仕事を終えなければならない理由があるのです。

女性だからといって、最初から時間効率や生産性を考えて働いてきた人は、多くないと思います。

しかし、未婚の間や子どもが産まれるまでは、男性と同じように残業を厭わず働いてきた女性でも、子どもが産まれると「残業したくてもできない制約」を持つことになります。

保育所の延長保育を活用したとしても、日常的に残業するのは難しいのです。それに、子どもを保育園に迎えに行くだけがお母さんの仕事ではありません。家に連れ帰ったら、食事の支度をし、食べさせ、風呂に入れ、寝かしつけ……。小学生になってからは宿題を見てあげる時間も必要です。

こうしたことをすべて終わらせたあとに、持ち帰った仕事をするというのも、体力を考えると長く続けられることではありません。

それに、子どもが突然発熱するとかケガをするなど、不測の事態はいつでも起こりうるということを、お母さんは肌身に染みて理解するようになります。

お母さんは、１分でも早く帰りたい

こうして育児をする女性は「時間価値」に目覚めることになるのです。

この変化は重要です。

時間が有限であることに気づき、仕事以外の大切なことのために時間を捻出しなければならないとなると、自分の生産性をどうやって改善するかという課題に、好むと好まざるとにかかわらず取り組むことになるからです。

たとえば、あらゆることを、時間を区切ってやるようになります。

「だらだら続く会議」ほど、ワーキングマザーにとって嫌なものはありません。目的を決めて、それに関係する話だけで終えたらいいのに、と思っています。

資料を作るにあたっても、30分以内に作り終えるというように決めてしまうので、必要以上に見た目にこだわったり、凝ったフォントを使ったりといったことはなくなります。

それから、マルチタスク（2つ以上のことを同時に処理すること）の能力が高まります。

家事や育児のシーンで、洗濯機をまわしておいて掃除機をかけながら、スマートフォンでメールのチェックをするように、仕事においても、一度の動作で複数のことを片付けようとするようになります。

また、絶対にやらなければいけない仕事と、今やらなくてもいい仕事、の区分をきっちりつけるようになり、絶対にやらなければいけない仕事に重点的に取り組むようになります。仕事における優先順位をつけることが癖になります。

つまり、母となった女性は、総じて仕事における「無駄」に敏感になるのです。また、決められた時間内にやるべきことが終えられないとなると、自分が残業でカバーできない分、周囲の人に迷惑をかけることになります。このプレッシャーの存在はとても大きいといいます。

ワーキングマザーを部下に持つ人々には、彼女たちのこの感覚をうまく理解し、組織全体の残業削減と生産性改善に活用してほしいと思うのです。

3　無駄はマネジメントのなかに潜んでいる

長時間労働削減には、上司の変化が欠かせない

恒常的な長時間労働は必ず改善できると考えます。その理由は、組織の中には、「無駄」がまだまだたくさんあるからです。

組織の無駄を排除していくのは、上司の仕事です。

たとえば「あいまいな仕事の指示」は、無駄を生み出します。

部下に仕事を振る上司の指示がはっきりしていないと、部下は何をどこまでやるのかがわかりません。その結果、本当はやらなくてもいい仕事まですることになります。

前の晩、遅くまで残業して仕上げたレポートが、実はまったくポイントを突いておらず、使用されなかった——というような経験は、誰もが一度や二度はしているのではないでしょうか。

仕事を振るときには、「何を」「いつまでに」「どの程度のクオリティで」の3点を明確にしなければなりません。

そもそも、日本の組織では、「周囲の人間とは、文脈を共有している」という感覚が強くただよっているため、「あ・うんの呼吸」で仕事を進めることがよくあります。

人の動きを見たり空気を読んだりして、それに合わせて自分の動き方を決める、という行動の仕方には、もちろん良い部分もありますが、効率という点では、あまり推奨される働き方ではありません。

そして、むやみに長時間労働をする人は評価しない、と明示するのも上司の仕事です。

ある仕事を10時間で仕上げた人と20時間かけた人とでは、どちらが褒められるべきでしょうか。冷静に考えれば、当然短い時間で仕上げた人の方が褒められ、評価されるはずです。しかし、日本の組織においては、10時間で仕上げた人の方が損をする傾向があるのです。定時内で仕上げれば残業手当がつかず、残業した人の方が手当をもらえる、というのもそのひとつです。

さらに、もっと重要なことは、何時間で仕上げたかという点を、上司がほとんど見ていないこと、すなわち効率性が評価の対象になっていないことです。

遅い時間まで残ったり徹夜したりした人は「がんばったな」と労いの言葉をかけられ、「あいつは根性がある」などとちょっと褒められることもありますが、定時に仕上げて帰った人は、次の日に「時間があるようだから」と別の仕事を振られた、などという笑えない話も聞きます。

仕事を早く終わらせても評価してもらえないどころか、評価が低くなるリスクがあるとなると、誰も効率性を考えて仕事をすることに価値を置かなくなるのは当然です。

上司は、無意識のうちに長く職場に残っている部下を評価してしまっていないか、折に触れてチェックする必要がありそうです。

株式会社絵本ナビという、子ども向けの絵本や書籍、キャラクターグッズ等の紹介と販売をネット上で展開している会社があります。

絵本ナビの金柿秀幸社長は、「ハードワークの定義を変えなくてはいけません」と言います。

「うちは、9時から18時まで、本気で集中して働かなくては成果をあげられない会社です。この時間帯は本当にハードワークだと思います。でも、上司からの指示がない限り、残業は禁止しています」と言うのです。

金柿社長は、18時を過ぎて自分が退社する時にまだ残業している社員には、「早く終わらせて帰れよ」とだけ言うようにして、「遅くまでたいへんだな」「悪いね」というような声をかけることは意識的にやめたそうです。

残業をしている人にこういう声かけをすることは、「残業している＝がんばっている」と社長が心の底では認めていることになってしまう。こうしたメッセージが従業員に伝わってしまうと、本気で「残業せずに帰ることがよいことだ」と信じてもらうことが難しくなるからだそうです。

バットの振り方を教えてからバッターボックスに立たせる

今、自分が誰かの上司であるという読者の方には、ぜひ考えてみてほしいのですが、自分の部下に、仕事のやり方をきちんと教えているでしょうか。

部下を指導するにあたって、基本的なスタイルとして「どうやったらできるようになるか、自分の頭で考えろ」という方針を持っている上司は少なくないようです。

しかし、これにも疑問があります。

仕事の進め方とか、基本的な行動様式を教えずに、「まずやってみろ」というのは、バットの振り方を教えずにバッターボックスに立たせているのと同じではないでしょうか。

徒手空拳でバットを振っていたとしても、そのうちにボールに当たるようになるかもしれませんが、それでは時間がかかって当然です。

バットはどうやって握るのか、どのタイミングで振るのか、その時に肩や腰や足はどう動かすのか……。どう考えても先に教えて、振らせてみて、身体の動きが揃うようになってからバッターボックスに立たせ、そこで実践しながら修正や調整をしていく方が早くうまくなると思えます。

ホワイトカラーの仕事も同じではないでしょうか。

たとえば会議の資料を作るとして、不可欠な要素はこれとこれ。参考にすべき過去の資料はこれとこれ。文体はこのように。フォントの級数はこれより大きく……。これらのことを先に教えておくだけで、しなくてもいい試行錯誤を省略させ、もっと本質的なことに集中的に頭を使ってもらうことができるようになります。

そして、一度任せた仕事だとしても、放置していてはいけません。

早い段階で、進捗状況を確認した方がよいのです。そこで、部下が悩んでいることがあるのか、介入する必要があるか、方向を修正する必要があるか、そのようなことを判断するのも上司の仕事です。

「袋小路に入り込んでいる」とか「あさっての方向に進んでいる」という状態を長く放置しておけばおくほど、残業はどんどん増えていきます。

教育的な配慮がある場合にも、成長のために必要な試行錯誤と、単に生産性を低下させるだけの試行錯誤の見極めをはっきりして、「意味のある逡巡」や「成長につながる長考」と呼べないようなものをどんどん排除してあげます。

長時間労働の習慣を変えるというと、成長機会を奪うことになるという反対意見も出てきます。確かに若い時には、効率を重んずるよりもとことん仕事に向き合って、時間をふんだんに使うほうが良いときもあります。それでもその期間はそう長くはないはずです。若いときの「できるまでいつまでもやる」方式の仕事は、早い段階で卒業していくべきものでしょう。経験と年齢を重ねることにより、より効率的な働き方に移行していかなければいけないと思います。

無駄の温床としての会議を変革する

ホワイトカラーが忙しい理由の、大きな部分を占めるのが「会議が多すぎる」ことです。絶対数が多いだけでなく、会議の中には無駄も山ほど盛り込まれていることが多いのです。上司になる人は、会議の改善に、数年に一度は取り組んだ方がよいと思います。

まず、大前提として、会議を定時の時間内に終わるように設定する、というのが基本ルールです。定時以外の労働は、強制することはできません。にもかかわらず、会議を、定時を超えた時間帯に設定するのはルール違反だと心得たほうがよいと思います。

会議の長さも、往々にして、あまり深く考えずに「1時間」とか「2時間」とセットされることが多いのですが、本当にその長さが必要かどうか、一度考えてみることをお勧めします。

1時間はかかると思っていた会議でも、ちょっと意識すれば45分や40分に短縮することはそんなに難しいことではありません。2時間の会議をもしも1時間20分に短縮することができたなら、40分もの時間が生まれることになります。

会議はさっさと終わらせて、メールの返信でも、折り返しの電話でも、雑用の処理にまわした方が、よほど有意義な時間の使い方になります。

生産性の高い組織をつくるという評判のマネジャーの方たちのお話を聞いていると、共通して指摘されるのが「目的を明確にしていない会議が多すぎる」というものです。

目的を明確にする、といった時に、「情報共有」というレベルでは駄目だというのも皆さんが共通して言うことです。

たとえば、「次のキャンペーンのターゲット顧客のうち自分の担当している各社が、○月○日時点でどのステージか（アポ入れ未・アポ入れ済み・提案済み・回答済み（受諾）・回答済み（拒否）など）、顧客からの悪い反応にどのようなものがあるかを全員で共有すること」という具体的な目的設定をしなくてはいけない、というのです。

そうすると「この会社は、最近担当者が替わったばかりなので、先日飲みに行ったんですが……」といったたぐいの、関係がありそうで関係のない話が始まったときに、「その話は今はいい」と無駄な話を削減することが簡単になると言います。

そして、しばらくこのように、会議の目的にそった発言以外を認めないというように運営していくと、参加者が徐々に、目的に合った資料を作るようになり、目的に合った話だけをするようになり、会議があっという間に終わるようになる、ということでした。

これをやっていると、当然、会議の参加者も絞られてきます。

目的が明確なだけに、会議終了後の資料に、必要な情報をまとめるのは簡単になりますから、コアな関係者以外は、参加せずに後から資料に目を通すだけでよくなります。

あるマネジャーの方は「究極的にはその会議で発言する予定のある人以外の人は参加しなくてよくなるはずです」と断言していました。

会議の改善のよいところは、比較的簡単に導入できて、効果もすぐにあがるところです。ぜひ、すぐにでもまねできるところを取り入れてほしいと思います。

この節で指摘してきたことは、いずれもマネジメントスキルの問題です。

日本では、マネジャーになる人に対する、マネジメントスキルのトレーニングがあまり行われていないという実態があります。

特に組織の運営を効率的にし、部下の育成スピードをあげるためのマネジメントスキルについては、初任マネジャーの段階から、きちんとしたプログラムを通して、なんとしても獲得してほしいものです。

朝時間の活用も有力な方法

染み着いた長時間労働の習慣を変えるには、ワークスタイルに思い切った変化を与えてみることも効果があります。

たとえば勤務時間帯を夜から朝に変えてみるというのもそのひとつです。

誰でも実感があると思うのですが、残業している時間というのは、ついだらだらと仕事をしてしまうので、結果的に生産性が低くなります。それならば、「本来の始業時間までにこれだけを片付ける」という気持ちになれる朝に働いた方がいいのではないでしょうか。集中力もつき、短い時間で仕事を片付けられるはずです。

この方法は総合商社の伊藤忠商事が実践しています。

22時以降の深夜勤務は「禁止」（完全消灯）・20時以降の勤務は「原則禁止」として、20時以降の勤務が必要な場合には翌日朝（5時から8時）の勤務をするように推奨したのです。

当初は不満を持つ社員もいたようですが、仕事が効率化して、付き合い残業もなくなり、時間が有効に活用できるようになると、反対意見は消えていきました。

成功した理由はいくつかあるようです。

まず、朝型勤務に対して深夜勤務と同じ割増賃金を支給することにしたことです。早く帰れることはうれしいけれど、残業手当が減るのは困るという社員もいたでしょうが、これならば問題ありません。さらに、管理職などの時間管理対象外の社員にも25％分をインセンティブとして支給することも実行しました。

そして、新聞や雑誌でも多く取り上げられたように、朝の軽食を会社負担で提供しました。8時前に始業する社員は、パンとコーヒーとバナナ……といったように3品まで無料で軽食を選ぶことができます。人事は品数をできるだけ揃えて、しかも健康面を考慮した品が並ぶように配慮しているようです。

そして経営トップ自身がその進捗にコミットしたこと。夜8時以降に会社を出た社員のデータが毎回の役員会で共有されて、多い部門には社長自ら改善を求めたということです。

その結果、時間外勤務時間は約10％削減され、早朝割増しの時間外勤務手当や軽食代を考慮しても、過去の時間外勤務手当が4％コストダウンしたのです。この取り組みが行われた年度に伊藤忠商事は過去最高益を記録したので、業績への影響という点からも問題なかったということで、2013年10月から2014年3月のトライアル期間を終えて、2014年5月から正式導入されています。

働く時間帯を変えることでこのような効果が出るのですから、長時間労働の改善は工夫次第で充分可能だということなのでしょう。

4　生産性10％改善で女性は辞める必要がなくなる

長時間労働削減のために、経営層がやるべきこと

先にも述べたとおり、現在ホワイトカラー正社員の平均年間総実労働時間は2239時間です。これを生産性の向上により10％削減することができれば、年間の労働時間はだいたい2000時間になります。

年間2000時間というのは、1日8時間で年に250日働く計算です。

土日と年末年始の休みや年次有給休暇を取得したあとの日本人の正社員が働く日数がだいたい250日程度ですから、年間2000時間労働が実現すれば、子どもがいる女性でも、ほとんど無理することなく仕事を継続できる状態になるのです。

まず、長時間労働の削減には、社長を含めた経営ボード、現場の管理監督を行うマネジャー、働く個人、という三者がそれぞれに果たすべき役割があるということを理解しなくてはいけません。

マネジャーや個人がすべき行動の変革については、ここまでで述べてきたので、ここからは、経営ボードが責任を追うべき、いくつかの課題に触れておきたいと思います。

経営陣が最初に意思決定するのは、労働時間の上限を設定することです。

たとえば、ITサービス企業のSCSK株式会社では、2013年から「IT業界は長時間労働が当たり前」という常識を打ち破ろうと、全社員の月の残業時間の平均を20時間以内にし、年次有給休暇を全社員が20日完全取得することを目標とした、「スマートワーク・チャレンジ20」という取り組みを実施しています。これは、代表取締役会長兼CEOの中井戸信英さんの、トップダウンで始まった活動でした。

中井戸会長は、長時間労働が常態化した状態では、優秀な人材も集まらず、定着しない。そこで、仕事に費やす時間を効率化して、それで捻出した時間を、社員一人ひとりのプライベート（余暇・家族との時間・自己研鑽）に使ってもらう。そうすることが社員の成長を促し、会社の成長につながると考えて、この取り組みをはじめたといいます。

目標を決めたら、次に経営ボードがやらなくてはいけないのは、長く働く人が偉いのではなく、効率よく良い仕事をする人が偉いのだというメッセージを明確に発信し、それを評価制度に組み込むことです。

経営陣や管理職が長時間労働や残業に対して、どのような価値観を持っているか、ということは、職場に直接影響を与えることがわかっています。

独立行政法人経済産業研究所の調査によれば、残業している人を頑張っていると評価する上司のもとでは社員の残業時間は増え、残業している人を効率が悪いと評価する上司のもとでは社員の残業が減るという結果が出ています。

それから、いわゆるコーポレート部門（本社の経理・財務・法務・総務・人事などのスタッフ部門）は、現場の長時間労働を誘発しているおそれがあります。

コーポレート部門の優秀な人というのは、現場のオペレーションを改める改善プランを次々に打つ人です。しかし、彼らがよかれと思って始動する「新しい仕組みへの移行」は、往々にして、現場に、新たな仕事を増やしてしまうことがあるのです。

何かを改善する目的であるとしても、それが現場にどれだけの負荷をかけることになるのか、トータルで見た場合に、現場の生産性が上がることになるのか、十分に確認してから導入を決める必要があるでしょう。

コーポレート部門を管轄する役員は、新しいルールの導入が現場に何時間の労働負荷をかけるのか数値化してその是非を検討することが求められているのです。

顧客を巻き込むにはベストのタイミング

長時間労働をなくそうとするならば、場合によっては顧客を巻き込むことも必要になります。

先ほどのSCSKでは、中井戸会長が、自社の労働時間の改善取り組みについて、顧客に理解してもらえるよう、自ら手紙を出したといいます。

一部の顧客からは理解を得られず、仕事を失う可能性があることを覚悟してのものだったのですが、結果としてひとつの顧客も失うことはなかったそうです。

女性活躍推進が社会全体の課題になっていて、どの企業も関心を持っている今は、働き方の改革についても、顧客の理解を得やすいタイミングなのかもしれません。この機会に、顧客と痛みを分けあうことも念頭においた長時間労働改善に、真剣に取り組んでみてもいいのではないでしょうか。

成熟社会であり、少子高齢化が進む日本では、１日＝８時間という限られた時間のなかで成果をあげる人こそが優秀な人材であるという認識に、私たち全員が、そろそろ変わっていかなくてはなりません。

女性を含めたすべての人材が、持続可能な働き方で、なおかつリーダーとして働ける社会こそが、これからの日本が目指す社会だと思います。

第5章　新人女性を確実にリーダーに育てるシナリオ

いきなり管理職になれと言われてもそれは無理です。それまでの間の育成をしっかりとやっておくことが大事です。女性の場合、特に初級キャリアの段階の育成にポイントがありそうです。

1　女性の得意技はスタートダッシュ

入社時点での「期待」で女性は「覚悟」を決める

多くの採用担当者が、「純粋に能力の高い順に採ったら、内定するのは女性ばかりになってしまう」と言います。特に若いうちは、コミュニケーション能力や、場の空気を読んで適切な反応をするといった社会性に関わる能力では、女性の方が秀でていることが多いのです。若い女性が高い社会性を持っているというのなら、この時期にしっかりスタートダッシュしてもらうことを考えるのが得策です。

そのための燃料投入の、最初の場が入社式です。

多くの企業で、入社式は、企業のトップが初めて新入社員に向かって話をする場です。社長の皆さんにお願いしたいのは、男女の別なく、すべての新入社員が、自社の将来を担

図表5－1　女性育成の全体像

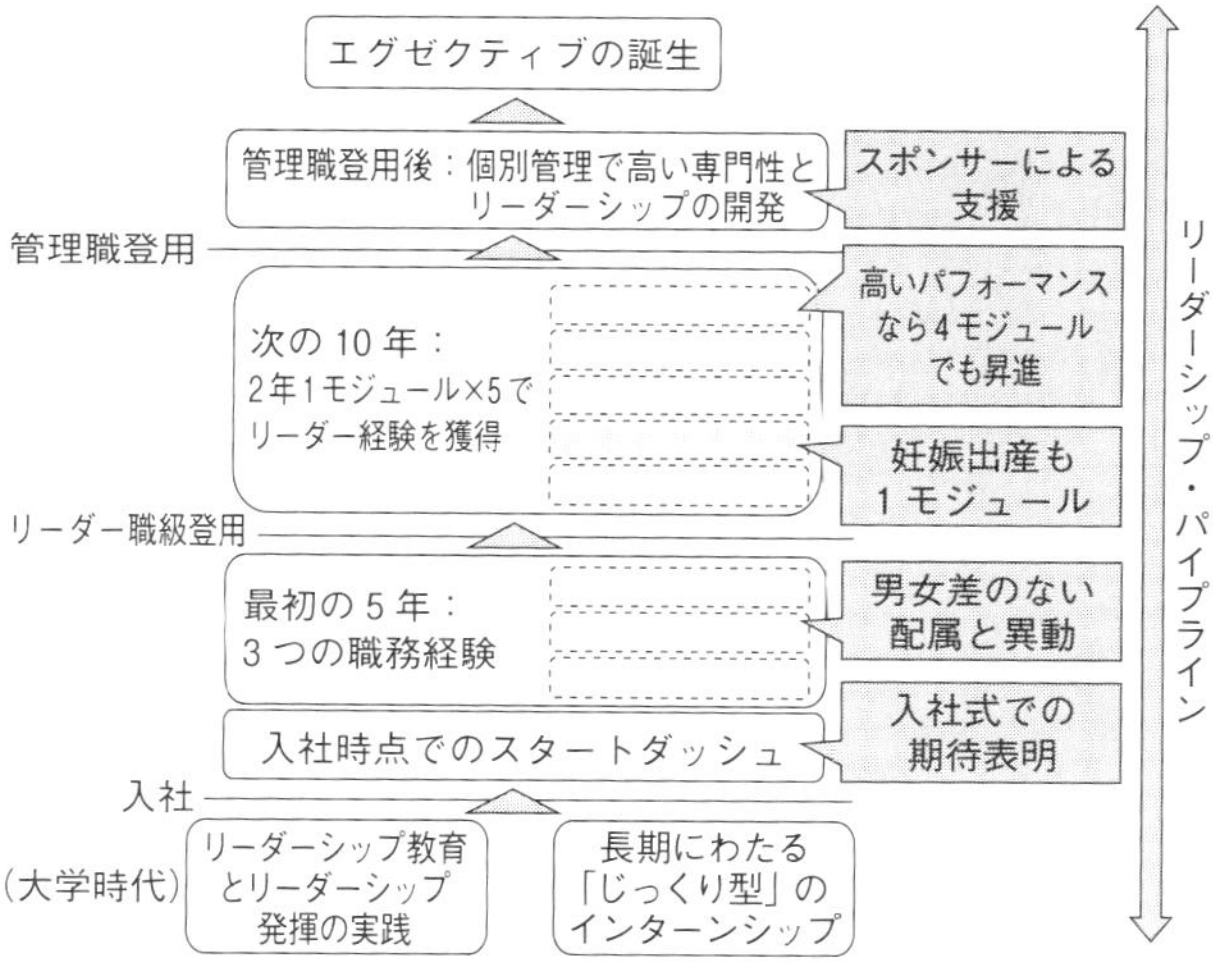

うリーダーになっていくことを期待する、全員がそのために努力し絶え間ない成長を実現することを要求する、と明確に宣言することです。

「期待」は、人の「やる気」や「覚悟」に火をつけます。入社時点で、社長からの「期待」を感じ取ることで、より意義を感じながら働くことができるようになるはずです。

そして、この入社式以降のどんな場面でも、社長だけでなく、現場の上司や人事が女性社員に対してまず「期待」を表明する、という基本姿勢を共通して持ってほしいと思います。

覚悟や希望というのは、自分が期待され、評価されていると思えるからこそ生まれるものです。

それなのに、女性の活躍を支援すべき立場の上司が、

「あいつは女性だからもう少ししたら両立に悩むだろうな」

「結婚したら辞めてしまうんだろうな」

などと思って、徐々にその人たちにかける期待の「量」を減らしてしまってはいないでしょうか。

「こいつはきっとよい管理職になる」

「このままハイパフォーマーとして成長し続けてほしい」

という心からの期待を、まずはかけ続けてやらねばなりません。

その言葉を受けた女性たちが、

「この上司は私に期待してくれている」

「私の成長を信じてくれている」

と思えた時にはじめて、多少の困難が待ち受けていてもそれに負けることなく前進していこうという肚《はら》が決まります。

先に期待をすれば、覚悟はあとからついてくるのです。

現状では、残念ながら多くの女性が、「会社は女性には期待していない」と感じています。女性リーダーを生み出したいならば、女性の心の中にある、この「不信」を払拭しなくてはなりません。

そして実際に、将来のわが社を担うリーダーを育てているという自覚のもとに、彼女たちの業務や目標を設計し能力開発を助け、異動と任用のプランニングをしましょう。言葉だけでなく行動で「期待」を示すのです。

なかでも、特に重要なのは上司の役割です。「女性が何を考えているのかよくわからない」「自分は女性のキャリアについて何の知見もない」というのは、もう通用しません。女性社員に「会社からの期待」を日常的に感じさせられるのは、上司にほかならないのですから、責任は重大です。

周囲からの期待を常に感じ続けることは、もちろん当の本人にとってはプレッシャーでもあります。しかし、プレッシャーをバネに変えられる人こそが大きな成長を遂げられる、というのは男女を問わない真実です。「期待されているから頑張れる」人が、将来のリーダーになっていくのです。

入社直後からトップギアで走るための事前準備

このように、入社直後から女性がトップギアで走れるようになるために、女性たち自身に入社より前の段階でいくつか経験しておいてほしいことがあります。これは、企業の人事に対して言うと、こういうポイントで採用希望者をみてほしいと思うことでもあります。

ひとつは、期間の長いインターンシップへの参加です。

1週間だけとか2日だけとかのごく短い期間、企業にお客さんとして迎え、適当なゲームやグループワークに参加させ、新規事業プランのプレゼンをさせて帰ってもらう、というよくある「イベント」型のインターンシップではありません。

事業の現場に、実際に働く社員とともに身を置いて、「企業で働く」というのがどういうことなのかを肌身に染みて理解できるくらいの、「じっくり型」のインターンシップを、（女性だけでなく男性でも）学生のうちにぜひ経験しておいてほしいと思いますし、企業にもこういう対応のインターンシップを実施してほしいものです。

1カ月かそれ以上、他の社員が働いている場に身を置いて、働くことのリアリティをつかみとる経験は、入社後のとまどいやギャップを軽減してくれる、貴重な財産になるでしょう。

この「じっくり型」のインターンシップは男性にとっても女性にとっても有意義なものに

なりますが、もうひとつ、特に女子学生が企業に入る前に学んでいるかどうかを見極めたいのが「リーダーシップ」です。

日本という社会では、女性は物心ついた時から、さまざまな場面で「なるべく差し出がましいことをしないように」「人の前に立たないように」と陰に陽に教えられながら育ちます。男性を差し置いて意見を言うような女性は、集団のなかで「悪目立ち」すると言われ、男性ばかりでなく女性からも敬遠されることがあります。

このことは、企業で働く女性達が管理職（＝人の上に立つこと）を目指さない、ということにも、企業で働く人々が「女性の管理職」に何となく違和感をおぼえてしまうことにも、大きな影響を与えていると思います。

若い女性の多くは、部下を持ちチームで成果を出すことに責任を持つ、という働き方は自分に縁遠いものだと認識しています。若い男性のほとんどが、自分は「普通に」昇進して、そのうちチームを率いる存在になるだろうということを、ほぼ前提に働いているのとは、あまりに対照的です。

実際には企業のなかで働き続けようとすれば、年月の経過とともに、単独でやる仕事ではなく、チームで進める仕事のなかで采配をふるう力を要求されるようになります。

これは、「手に職」といわれるような専門職的要素の高い仕事であっても同じです。そういう仕事であっても、やはり誰かが、仕事を切り分け、人に任せ、結果を吟味する仕事をしなければならないのですから。人をまとめ、チームを率いるという役割を忌避し続けることは、自分の仕事の価値を狭めることに結果的になってしまうのです。

リーダーシップとは「他者の力を借りてチームの目的を達する力」です。

多くの研究が明らかにしているのは、リーダーシップは、先天的な才能ではなく、練習と経験によって獲得できるスキル・能力であるということです。

大学時代に、リーダーシップというものを理解し、リーダーシップを発揮するためのコミュニケーションの方法、ゴールとマイルストーンをセットする方法、他者のモチベーションをあげさせる方法、といった基本的なスキルについての教育が行われていることは、社会に出るにあたって、大きな武器を与えることになるでしょう。企業も、このようなリーダーシップ講座を持っている大学で学んだ女性に、もっと着目してはどうでしょうか。

また、実際にリーダーシップを発揮すべき場に身を置いた経験があるかどうかを知ることも必要です。

共学の大学で過ごす女子学生の多くは、サークルやゼミなどでリーダーを決める時にも男性にその場を「譲り」ます。女子が男子を差し置いて代表のポジションにつくのは、なんとなく「イタい」し「モテない」感じがするからです。

しかし、どんなに小さいグループであろうと、チームのリーダーという立場で何かひとつのことを成し遂げようとしたら、全員の力を引き出すことのむずかしさに直面し、試行錯誤を経て、どのように行動すべきかを学ばざるを得ない状況に置かれます。

これを経験しているのといないのとでは、社会に出てからの「チームでの協業」における活躍度がまったく違うということは、企業で人を育てたことのある人ならば、実感しているのではないでしょうか。

女子学生にこそ、リーダーシップ教育とリーダー経験を積んで、来る日に備えておいてほしいと思いますし、企業もこういう視点から女子学生のリーダーとしてのポテンシャルを見極めてほしいと思います。

2　しっかりジョブローテーション

最初の5年で3つの仕事

女性にとって、仕事における成長やキャリアの蓄積は、常に時間との競争です。20代後半から多くのライフイベントが待ち構えている女性には、成長と経験を「先取り」することが、とても重要になります。

男女にかかわらず多くの人にとって、入社後しばらくは、仕事以外の世界からの干渉や制約が最も少ない期間になります。そこで、入社からの5年間を、「成長のアクセラレーター（加速機）」として有効利用することを推奨します。

具体的には、入社から5年で、すべての社員に、最低3つの仕事を経験させるジョブローテーションを設計するのです。

日本企業の慣習では、入社5年で2回も異動させるというのは、ちょっと頻繁すぎる感じがするかもしれません。

新人にとって、最初の数カ月は、会社というよりも社会人生活そのものに馴染む期間でしたし、仕事を覚えるのに半年程度の猶予は与えられてきたからです。また、成果を出せるようになってからの数年間は、その部署の重要な戦力として活躍してもらいたいため、そう簡単にはそのクラスの人材を「放出」しないのが普通です。

しかし、このスピード感では、のちにリーダーになることを期待される人材の成長速度としては遅すぎるとも言えますし、特に女性には、後に待ち構えているライフイベントの前に経験を「先取り」するという意味でも、もっと早い異動を計画的に実施する必要があります。「1年半・1年半・2年」「1年・2年・2年」といったテンポで、中身の異なる職務を経験して、経験の幅と成功体験を早く獲得してもらうように育成計画を立ててほしいと思います。

この「5年で3職務」のジョブローテーションで気をつけてほしいのは、女性社員の配属先と異動の時期です。

「この職務には男性しか就かせない」とか「女性にこの仕事は無理」というように、あからさまに女性と男性の配属に差がつくような職場は、現代の日本企業には珍しくなっているかもしれません。

しかし、女性はフロントオフィスよりはミドルやバックオフィスに配属されやすいとか、

図表5－2　現在の勤務先で異動を経験したことがある人の割合（正社員計・単一回答）

	男性	女性　（%）
計	53.8	33.2
18～24歳	21.2	12.9
25～29歳	36.3	28.7
30～34歳	46.0	38.8
35～39歳	52.1	40.8
40～49歳	64.2	36.4
50～59歳	63.8	36.9

出所：リクルートワークス研究所「ワーキングパーソン調査2010」

顧客担当にする時に、女性をほんの少しだけ難易度の低い顧客の担当にするといったように、配属にあたって男女で「微かな差」をつけてしまっている企業は、今も少なからず存在します。

また、仕事ぶりのよい女性であればあるほど、ひとつの仕事に固定されるという傾向もあります。

一つひとつの配属の決定には、それほど大きな意味はなかったかもしれません。また、女性が外勤よりは内勤に配属されやすいのも、ある意味の「配慮」の表れだったのかもしれません。

しかし、この最初の5年間の育成期間では、男女における配属傾向と異動時期の差を完全になくさなくてはなりません。配属先や異動タイミングのちょっとした差こそが、のちに昇格や登用の時期を迎えた女性に対する、「経験の幅が狭い」「社内に人脈がない」というマイナス評価の原因になっていくからです。

この5年に限らず、伸びる可能性のある人ほど、早めに異動させて、経験の幅を広げることが重要なのです。

「一人前になるのに10年」では遅すぎる

ある大企業の人材開発部長と話していたら、「うちの会社では、一人前になるのに必要な時間は昔からだいたい10年と言われています。どうして5年でなくてはいけないのですか。10年ではダメなのですか」と訊かれました。

この問いに対する私たちの答えは、

「10年ではダメ」

です。

女性の平均初婚年齢は2012年時点で29・2歳。晩婚化はこの20年で年々進んできましたから、この先、初婚年齢は30歳くらいまで上昇するかもしれません。また第1子出生時の母の平均年齢は2012年で30・3歳です。

一人前になるのが入社後10年だとしたら、大卒の新人が一人前になるとき32歳。これでは平均的な女性は一人前になる前に仕事から一時的にせよ離脱することになってしまいます。

一人前になる前に戦線離脱してしまえば、復帰後に、本人も周囲の人も戸惑うことになります。だからこそ、「5年で一人前」に頭を切り替えてほしいと思うのです。

3　さっさとリーダーに

5年後の実力で、リーダー職級に昇格させる

最初の5年間で3つの異なる仕事を経験することによって、すべての社員が、ある程度の経験の幅を持った人材に成長します。同時に、それぞれの仕事におけるミッションをどの程度達成したかを評価することによって、実力のある社員は誰なのかがわかってきます。

入社して5年が経過する頃（大卒で27歳頃）をめどに、実績の高い人から順にリーダー職級に昇格させていきましょう。

これは実質的な最初の選抜です。

現在でも20代の後半に資格等級が1段階上がるという企業は少なくありませんが、その実態は、同期はほぼ一斉にエスカレーター式に昇格する、というものでしょう。

長期雇用を前提とした企業社会のなかでは、ここで社員間の差を表面化させることのメリットがあまり感じられないのは仕方ありません。

しかし、将来のリーダーになる人を継続的に生み出す、という立ち位置で考えれば、この段階から少しずつ高い成果を出した人と、そうではなかった人を差別化していく必要があります。

ここでの昇格要件には、５年間で成果を出せたかどうか、成果を出す力を獲得したかどうか、だけを用います。「この人はつい最近結婚して、もうすぐ子どもを産みそうだから」とか「キャリアの方向性に悩んでいる様子だから」といった要素を昇格の判断基準に持ち込んではなりません。

純粋に実力だけで評価すれば、この段階での昇格者における男女比は、入社時の男女比とほぼ同じになると予想されます。

逆に言えば、ここで男女比が大幅に狂うとしたら、それまでの５年間の育成の仕方に何か反省すべき点があったということです。

配属や仕事機会の提供の仕方が悪かったのではないか、昇格を検討するにあたって成果以外の要素を気づかないうちに組み込んでしまっているのではないかといったポイントを、謙虚に検証してみる必要がありそうです。

最初の5年間で、単独での成果の出し方、チームメンバーとしての役割期待に応える方法を学習し獲得した人材は、次に「他者の力を借りて成果を出す方法」を学ばなくてはなりません。

そのような仕事のアサインメントを受ける準備が整っていると認めることが、リーダー職級への昇格なのです。

リーダーの能力はリーダー経験によってしか身につかない

入社直後の5年は、主に一メンバーとして仕事で成果を出してきたはずですが、リーダー職級に昇格した人材には、実際にリーダーとしての仕事をアサインすることが必要です。

職級は上がったけれども、実質的な仕事内容は同じ、というような現象はよく見受けられますが、それではわざわざ職級を上げる意味がなくなってしまいます。

課長のもとで何人かのメンバーをまとめるチームリーダーに任命する、自分の所属する部やグループだけでは完結しないプロジェクトのリーダーに任用する、といった仕事機会を提供して、ソロではなくチームプレイで仕事の成果を出すこと、そのために必要なリーダーシップを獲得するための期間が、リーダー職級の段階なのです。

往々にして、女性は単独で成果を出すのは得意でも、人をうまく使ってより高い成果を出すのは不得意だと、考えられてきました。

そして実際、多くの女性がこうした先入観をもとに、「ひとりでコツコツと」「着実に」成果を出すタイプの仕事を任されてきました。しかし、女性たちにリーダーになることを期待するのであれば、いつまでもそうした「女性が成果を出しやすい」仕事で、女性たちを甘やかしておくわけにはいかないのです。

それに、多くの女性は、いつか育児や家事と仕事を両立させていかねばならない時期を迎えます。

実は、そういう時期にこそ、何でも自分ひとりで抱え込むのではなく、周囲の人とのチームプレイで高い成果をあげるスキルが必要になります。

この観点からも、早い段階で、「チームで動く」「チームを動かす」経験を積むことは、とても大切なのです。

さて、この段階では、リーダー職級になった人が、実際に仕事上のリーダー経験を通じてリーダーシップを獲得することが最重要目的です。「女性は人をうまく使えない」とか「感情的になりやすい」という先入観で、女性にリーダーをやらせないのでは、何の意味もありません。

不慣れな環境で、場合によっては手痛い失敗を経験しながらだとしても、将来のために、今リーダーシップを獲得していくことが求められているのです。

そして、この段階でも、やはり上司のコミットメントがきわめて重要になってきます。本人のリーダーとしての長所と短所を把握し、アサインメントごとに、長所を伸ばし、短所を改善させるような能力開発目標をセットしてやらなければなりません。

実は、日本企業の人材マネジメントでは、一つひとつのアサインメントごとに、その業務の達成目標を決めると同時に、本人の成長目標を決めるということが徹底されていないことが多いのです。

しかし、仕事を通じて人を成長させようと考えるならば、仕事自体のゴールを明確にするだけでなく、そのゴールを達成した時に、それをやった人がどのような能力を獲得している状態がよいのかも明らかにすることです。

人の成長をマネジメントに組み込むとは、このような意識の変革が要求されることなのです。

２年を１モジュールとした成長計画の設計

さて、リーダー職級以降の人事管理は、約2年を1モジュール（単位）として、単位ごとに異動と明確なミッションを設定する、モジュール型で行ってはどうでしょうか。

新入社員が管理職になるまでの15年前後を、区切りのない1本の道と考える現在の日本の人事管理の仕組みは、２つの理由で女性をリーダーに成長させることを阻んでいます。

ひとつには、計画的かつ効率的な能力開発と経験の拡大をさせづらいこと、もうひとつは、出産や育児で1年でも職場を離れた場合に「15年間フルに参加していない」ことを理由に、管理職を選抜するテーブルからふるい落とされてしまうというのが理由です。

「15年間続くフルマラソン（途中で歩いたら即脱落）」という現在の設計から、先に述べたやり方で、まず「最初の5年」を切り離します。それができたら、次の10年も一本道としてとらえるのではなく、「2年ごとに異なる試合会場で行われる短距離競走」の集積だと考えられるように設計し直すのです。

2年は、「プロジェクトのスタートから完結まで」「新しい部署への異動ののち、仕事を覚え成果を出すまで」というように、仕事の区切りとしてちょうどよい長さといえます。

また、「妊娠から出産、そして子どもが1歳になり、復職して感覚を取り戻すまで」も、だいたい2年の長さです。

2年を1モジュールとして区切ると、妊娠・出産・育休も1つのモジュールとして管理できるようになります。

さまざまな仕事経験を2年程度の長さのモジュールで設計し、1モジュールごとに異動や任用、仕事上で達成すべきゴールと、個人として獲得すべき能力の言語化、2年経過時点での成果と獲得能力の確認、という流れを作ることで、成長のサイクルを凝縮し、高速で幅広い経験を積むことが可能になります。

実は、このような2年程度でのジョブローテーションを地道に行っているのは、公務員なのです。公務員で上級職になっていく人の多くは、2年や3年程度で異動になり、新しいミッションの中で経験値を上げ、広い視野から問題を考える力を鍛えているのです。

2年ごとに新しい仕事、ミッションを課されることになると、「慣れている居心地のよいポジションで、知り尽くした仕事を要領よくこなす」といった、「余裕のある働き方」はできなくなるかもしれません。

個人にとっては、息をつく暇もない目まぐるしさになりますが、女性をリーダーに育てるつもりならば、このスピード感で成長させ続けることが欠かせません。

4　そして舞台に上げてしまう

標準5モジュールで管理職に登用する

リーダー職級以降の職務経験をモジュールで管理する形を整えることができたら、5モジュールで管理職に登用するという標準的なモデルキャリアを設計しましょう。

1モジュールは2年ですから、5モジュールの経験を積むと約10年が経過します。つまり、27歳でリーダー職級になった人であれば37歳くらいがひとつの節目となります。5モジュールを有効に使うことができれば、30代のうちに幅広い仕事経験と高い実行力を備えた人を管理職にすることができるようになるのです。

この方法であれば、15年のマラソンの結果、大過なく過ごしてきた人を管理職に登用するよりも、ずいぶんと可視化され、計測可能な形で、人を選ぶことができるようになると思いませんか。

ただし、5モジュールという条件を硬直的にとらえる必要はないと考えます。

ごく標準的な人は5モジュールで管理職になりますが、各モジュールで高い成果を出し続けた人や、あるモジュールでリーダーとして特筆すべき高い成長を遂げた人であれば、4モジュールや3モジュールで管理職に登用することも十分に可能性があります。

1モジュールを出産と育児に充当した女性の場合、そのほかに仕事で5モジュールを経験し、計6モジュールで昇進するというのが標準的なキャリアパターンになりますが、経験した仕事の内容と、それぞれのモジュールで達成した業績の中身によっては、4モジュールの職務経験だけを評価して、管理職に昇進させるということもできるでしょう。

モジュールという考え方を導入することによって、出産などによる一時的なキャリアの中断を、ただちに戦線からの離脱とみなす必要がなくなります。それだけで、これまで対象と見られなかった多くの女性を、管理職候補として考えられるようになるはずです。

重要なのは、各モジュールでどんなミッションを任され、どの程度の成果を出したのか、その結果としてどのような能力・知識・経験を獲得したのか、そして複数モジュールを並べた時に経験の幅・多様性が担保されているかどうか、また、本人の専門分野といえるものが定まったかどうか、これらを総合的に判断することです。

多くの日本企業では、経営に影響を与えるような意思決定を行うリーダーは40代です。5モジュールで質の高い経験と実績を積んで30代のうちに管理職に登用された人たちのなかから、40代のすぐれたリーダーが生まれてくるのです。

リーダーシップ・パイプラインを構築する

入社直後の5年間の計画的ジョブローテーション、標準5モジュールのリーダーシップ職としての経験を経て管理職になった後は、年次や年限での人材管理はもう必要ありません。

ここから先は、それぞれの人材が保有する専門性とリーダーシップスタイルが、その時々の経営課題のどの部分を担わせることで、最も有効に活用できるのかという観点から、個別的に、そして状況適応的に、配置や任用を実施します。

このプロセスを通じて、次世代リーダーの候補としての選別がゆるやかに進むことになります。

次世代リーダー候補と認められた人材は、より高い職責、より難易度の高いチャレンジで将来の経営人材として必要な能力を鍛え上げます。

こうした人材の成長に責任を持つのは、執行役員・取締役といった現時点で経営ボードにいる人たちです。経営ボードの人々は、自分自身の後継者という視点だけではなく、全社に必要な人材を輩出する、いう視点と気概を持って、次世代およびその次の世代の人材の成長を個別に見守り、支援し、加速させる必要があります。

役員は、候補者たちの配置や任用に対して意見を述べるだけではなく、候補者たちと個別に会話する機会をできるだけ多く作って、彼らの「人となり」、価値観や人生観を把握し、彼らがより高い見識を身につける手助けをし、彼らの人間的な成長の責任を分かちあいます。

第1章で述べた「スポンサー」の役割が、まさにこれにあたります。役員は次世代リーダー候補のスポンサーとして、彼らの経験値を高めるための意思決定に主体的に関わらなくてはなりません。

企業規模などにもよりますが、役員1人が育成責任を負う次世代リーダーの数は、10人程度になるでしょう。

これまでは、こうした次世代リーダーとして育てられる人材群に女性が加わることはほとんどありませんでした。しかし、ここまでに書いてきたようなやり方で女性のリーダーが増えていけば、多くの会社で5～10年のうちに、次世代リーダー候補に、女性が入ってくることが珍しくなくなってきます。いよいよ、エグゼクティブクラスの女性比率を高める段階に入ることができるのです。

ここまできて、初めて図表5-1で示した「女性のリーダーシップ・パイプライン」の構築ということが、実現可能になってきます。

今も、多くの大企業が、必死で探せば１人や２人の女性の役員候補を自社の内部で見つけることはできるかもしれません。実際、２０１４年の４月前後には、いくつかの大企業で、「初の女性の執行役員」や「初の生え抜き女性幹部」が誕生したことが、ニュースになりました。

しかし、今の時点で、日本企業の取締役や執行役員などの経営人材に登用された女性の多くは、企業の育成努力の賜物としてそこまで成長したのではないと思います。

超人的ともいえるその女性自身の努力と、偶発的な成長機会や支援者との出会いによって、いわば奇跡的ともいえる状態で、そこまで到達したというのに近いのではないでしょうか。

そういう稀有な女性人材を社内に１人や２人見つけ出して登用することはできても、その後に続く女性陣がまだ育っていない、その人が辞めてしまったらその後はすっかり候補者がいない、というのが、多くの企業の現状だと思います。

実は、これは、女性活躍推進で日本に一歩も二歩も先んじている欧米の企業でも、いまだに大きな課題なのです。「女性の初級管理職は、いまや珍しくもなんともない。もっとシニアなポジション、エグゼクティブポジションになる女性の数が少なすぎることが問題なのだ」と言われています。

確かに、役員人材を1人選出しようと思ったら、候補者として、1つ下の階層である事業部長などの人材は少なくとも3～5名は必要になるでしょう。5人の事業部長が生まれるようにしたいならば、その候補者である部長クラスの段階には、20人以上の女性が就いていなければならないでしょう。

では、部長候補としての課長は？　課長候補としてのリーダー職は？　と下の階層になるほど必要な数は増えていきます。

安倍首相が2013年に経済団体に要請したとおりに、「少なくとも取締役のうち1人は女性」という状態を、瞬間的にではなく、常に達成できるようになろうと考えるならば、企業組織というピラミッド構造の下の階層にいけばいくほど、カスケード（連滝）状に能力と経験を兼ね備えた女性の数が増えていなくてはなりません。

こうした状態のことを、「パイプラインが構築されている」と表現しています。

今や、欧米企業のジェンダー・ダイバーシティに関する課題は「ウィメン・リーダーシップ・パイプラインをいかに構築するか」にほとんど集約されていると言っても過言ではありません。日本企業も、すぐにこの課題に直面することになるでしょう。

パイプラインという言葉は、きわめて奥の深い言葉だと思います。

ひとつには、パイプと言うからには、入口から出口まで貫通していることが基本条件である、ということを意味しているからです。どこかで通り道が急に細くなっていたり、目詰まりを起こしていたりしては、それはもはやパイプとは呼べません。

入社時レベルから企業内の最上位の意思決定ボードレベルまで、どの階層にも一定の比率で女性が存在している状態になって、初めてパイプが通っているということができるようになります。

もうひとつ、パイプラインという言葉を使うことによって、「中身が常に流れていること」が自然に条件に加わることになります。

女性の管理職が誕生している会社でも、その人が、一度就いたポジションに5年も10年も居座っていて、なかば「塩漬け」にされているケースは少なくありません。あるポジションに就いた人が、ずっとそこに居続けてしまうと、本人の成長もそのうち止まってしまいますし、次にそのポジションに就くことによって成長できるはずだった後進の人材のチャンスを奪ってしまうことにもなります。

こういう「静止」状態では、パイプラインができているとはとうてい言えません。ひとたびあるポジションに女性を就けたなら、その人には新たな成長を求め、より高い職責にチャレンジさせ、然るべきタイミングで次のポジションに移っていってもらうというダイナミクスを働かせなければいけないのです。

パイプのなかの液体が流れなくなれば、そこには淀みが発生し、それはそのうち周りを浸食することになります。

女性の管理職を増やすということに、多くの企業が舵を定めた今、これを一過性のブームで終わらせないためにも、どうやって太くて頑丈なパイプラインを構築するかを同時に考えなくてはいけないのです。

第6章 女性活躍推進は女性のためにあらず

女性活躍推進は女性のためではない、と言ったらおかしいでしょうか？　しかし、これは事実です。女性に限らずすべての人にとって働きやすい組織をつくるためのきっかけが、女性活躍推進なのです。

1　女性が働きやすい会社は男性も働きやすい

女性も働きやすい会社

第4章、第5章に女性活躍推進のための施策として掲げた、長時間労働の見直しやリーダーを育てるためのシナリオは、女性だけのためのものではありません。

女性が出産後も仕事を継続して、リーダーとして成長していくための提案ですが、実現すれば、男性にとっても、成長できる会社、働きやすい会社、働き甲斐のある会社になります。

以前に高齢者が活き活きと働いている会社があるというので、取材に行ったことがあります。確かに高齢者のニーズに合わせて制度が設計されていて、無理をせずに社会に貢献できるような会社になっていたのですが、その会社のことが新聞などで紹介されたら、若い人たちが「自分も入社させてほしい」と応募してきたというのです。

実は、誰かにとって働きやすい会社を作ろうとすると、結果として誰にとっても働きやすい会社になるものなのです。

第5章で強調したことは、ジョブローテーションをしながら、リーダーシップを鍛えておくという人材育成手法が、長期的に見たリーダー育成につながるということですが、これなど男性にもそのまま通用することです。逆に人材育成の基本に忠実に、期待をして機会を与えれば女性ももっと成長するのです。

長時間労働の改善も同様です。いまは長時間労働が習慣になっている男性でも、それがベストだとは思っていないはずです。できるならば、ワークライフバランスがとれた働き方をしたいですし、時間あたりの生産性を上げて時間価値を高めたいと思っているのです。それを一部の経営幹部が、「固定手当で長時間働かせる方が、収益があがる」「納得するまでトコトン仕事をしたいと思っているはずだ」「極限までやることで成長するのだ」と思い込んでいるだけなのかもしれません。

短期的には正しいことでも、中長期にはそれではサステナビリティがないということもあります。

ダイバーシティやワークライフバランスというものは、背景も文化も違う多様な人々が、気持ちよく一緒に働くためのコンセプトであり、長く良い経営状態を継続していくための取り組みなのです。

批判のちに満足

女性活躍推進に着手する段階では、反対意見や慎重意見も多く出てきますが、トップのリーダーシップのもとに力強く推し進めていくと、やがてすべての人がその価値を実感して、改革に満足するようになる傾向があります。

たとえば週あたりの時間労働に上限を決めて、残業をほとんどしないで済むようなルールを決めたとします。はじめは「それでは仕事が回らない」「業績は上げなくていいのか」という反対意見が現場から出てくるのですが、いざやり始めてみると様子は変わってくるものです。時間を無限に使って成果をあげるようなルールでやっていると、誰もが疲弊してしまい、成長も鈍くなるものです。時間が限られているからこそ早く本質に迫ろうとしますし、無駄を極力省こうとする。その姿に慣れてしまうと、もう以前の状態に戻りたいとは思わなくなるものなのです。

取り組み当初に出てくる反対論は、今までの習慣を変えることに対する当然の反応だと理解して、ていねいに説得しつつも、あとは力強くやり切ってしまうしかありません。

女性活躍推進に関するものは、第1章に書いたような常識のウソに注意して、正しく進める限りにおいては、着手当初はコストが先行するものの、数年遅れて成果が返ってきます。その時間差の間さえ我慢してぶれずに推進し続けることができれば、変革は成功します。

だからこそ、女性活躍推進は、ボトムアップで進めるのではなく、トップの強いリーダーシップのもとで進めなければならないのです。

優れた経営者は、短期業績に注意を払いながらも、中長期の業績やサステナビリティに目を向けているものです。そのときに女性活躍推進という施策がアンテナにひっかかってくるのだと思います。

2　女性だけのチームはいらない

解決策というより回り道

女性活躍推進のための取り組みというと、「女性だけのチームをつくる」というアイデアが出てきます。実際そのようなアクションをとった企業はたくさんあり、新聞記者からも、それらのニュースについてコメントを求められることがあります。私たちは前向きなコメントをすることができないので、たいていはコメント部分はボツになってしまいます。

確かに女性ばかり集めれば、今までとは違うイメージを打ち出せるかもしれませんし、必然的に女性をリーダーにすることもできます。経営陣からすれば「新しい対策を打ち出した」という実感も得られるでしょう。しかしそれでは、「当社では女性活躍がまったく進んでいません」と広報しているように見えてしまいます。

第3章のクォータ制のところで説明したように、片方の性が一定比率を切らないようにするということが大事なのであって、女性ばかりの世界をつくることが狙いなのではありません。ベンチャー企業で女性が経営者の会社では、従業員がほとんど女性という会社もありますが、それが業種特性であったとしても、早い段階で不具合が生じて、男性社員を採用することになるものです。

世の中には男と女が半分ずついます。そして性別の違いからくる差もあります（能力が高いとか低いとかではありません）。社会においても、職場においても、男女が協力し合いながら活動することによって得られる成果が大きいのです。

男性や女性ばかりのチームよりも、男女混合チームのほうが、高いパフォーマンスを上げ

図表６－１　ダイバーシティの４段階

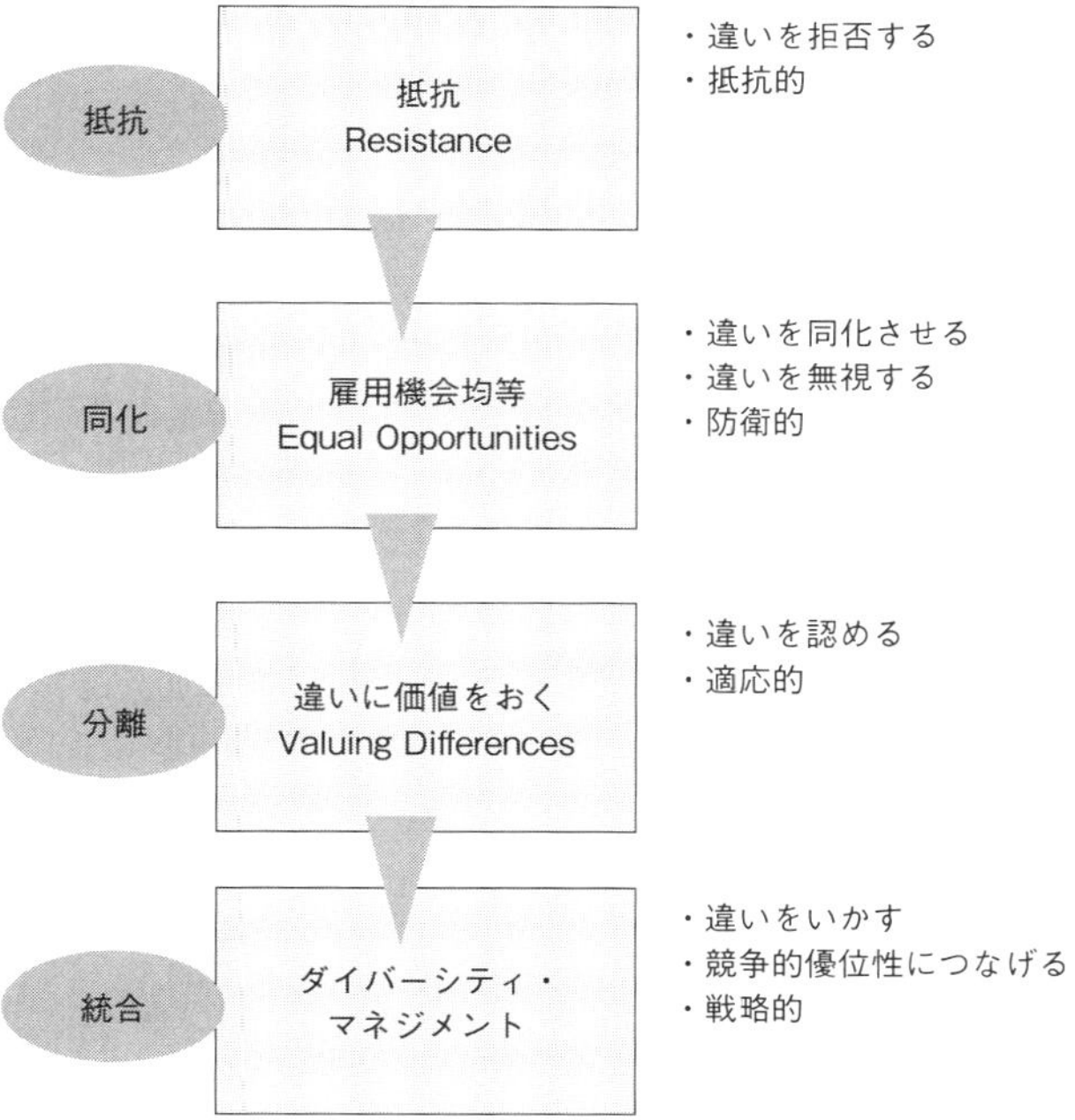

出所：谷口真美『ダイバシティ・マネジメント――多様性をいかす組織』（白桃書房，2005年）

たという研究結果は数々あります。

図表６－１は早稲田大学の谷口真美教授が示した、ダイバーシティに対する企業行動の段階です。この図にあるように、目標とすべき段階は、男女の違いを活かし、競争的優位につなげる道を、戦略的に採用する段階（統合のステー

ジ）です。
女性だけのチームをつくるという方法は、せいぜい「同化」から「分離」に至る入口のところと言えるのではないでしょうか。いやむしろ、本来のダイバーシティをめざすプロセスにおいては、無駄な回り道をしているという懸念すらあります。

女性ばかりのチームをつくったあと、そこからどこにつながっていくのでしょう。過去にそのような施策でマスコミを賑わせた企業は、その後いきいきと女性が活躍して企業業績を担うような会社になっているでしょうか。

どうしてもそのようには見えないのです。

安易に使う「女性ならではの…」は危険

違いを活かす、と言いましたが、この男女の違いにおいてはたびたび誤解が生まれています。心理学や経済学、脳科学、生物学など、さまざまな分野の研究から、男性と女性とでは、性格や行動様式などに違いがあることがわかっています。

マッキンゼーが調査・分析してまとめたレポート「WOMEN MATTER 2」（2008年）には、男女のリーダーシップのとり方の違いについて興味深い整理がされています。

リーダーシップ行動を9項目に分けると、そのうち女性のほうが頻繁に発揮しているリーダーシップ5項目と、男性のほうが頻繁に発揮している2項目と、両者が同じように発揮している2項目とに分かれるのです。

女性が発揮しているリーダーシップ
・人を育てる（people development）
・期待し褒める（expectations and rewards）
・ロールモデルとなる（role model）
・思考を促す（inspiration）
・参加型の意思決定をする（participative decision making）

男性が発揮しているリーダーシップ
・管理し、修正する（control and corrective action）
・個人型の意思決定をする（individualistic decision making）

両者が共通して発揮しているリーダーシップ
・知的刺激を与える（intellectual stimulation）
・効率的なコミュニケーションをとる（efficient communication）

実感とも近い分析結果になっていて、参考になるのではないかと思います。

また労働政策研究・研修機構が、企業で働くミドルマネジャーに対して調査を行ったところ、課長相当職における男女の資質について次のようなことがわかりました[12]。

女性が優位となる資質には「公私を問わず頼りにされることが多い」「どんな人ともコミュニケーションがとれる」があり、男性が優位となる資質には「物事をデータに基づき定量的に分析する」「論理的に人を説得する」があるということです。

これらの違いがあることをよく理解したうえで、あえて男女の混合チームをつくることが良い成果につながるのです。

ダイバーシティ経営企業100選に入選した会社のレポートを読んでいると、よく「女性ならではの……」という言葉に出会いました。

たいていはそのあとに「感性」とか、「細やかさ」という言葉が続くのですが、これは本当に正しいのでしょうか。

男女差を活かすということは大事なのですが、「女性ならではの」と言われてしまうと、その言葉自体が男目線で、勝手な理想や思い込みに基づいているように思えてなりません。「女性ならではの感性」という言葉は、男女で異なる好みや流行などを指しているということならそう書けばいいですし、感性自体は男女差ではなく個人差がほとんどです。

女性だからといって誰もが細やかなわけでもないでしょう。周囲にいる一人ひとりの女性を思い浮かべてみてください。細やかな人もいれば、細かいことは気にしない人もいるはずです。細やかさとは女性ならではのものだというのは間違いだとすぐに気づくと思います。

男女が職場で不平等に扱われていたときの価値観を引きずらないように、細心の注意を払いながら、男女の差を活かしていきたいものです。

そして、男女差以上に個人差が大きいことを前提として、忘れないようにしておきたいと思います。

12）「職業キャリア形成に関する調査」（2014年）

3　ステークホルダーを巻き込んだストーリー

女性活躍のストーリーを語る

女性活躍推進というテーマは、すべてのステークホルダーと密接につながっています。女性活躍推進を通じて、それぞれのステークホルダーとどのようなコミュニケーションをとり、どのような効果を期待するのか、それを明確にして戦略を考えておけば、女性活躍推進の意義はより明確になります。

代表的な要素を抜き出してみると、図表6－2のようになります。

従業員との関係であれば、女性活躍推進施策によって、女性の離職率低下や管理職の増加を目指すのでしょうが、さらに男性も含めて、働きがいのある職場にすることで、従業員全体のモチベーションを上げるという目標が出てくるでしょう。そのときに広報活動を通じて、働きがいを感じて仕事に向き合っている姿や女性が活躍している姿を伝えれば、これから従業員になる候補者（つまり新卒の学生や転職希望者）にもアピールすることができて、質の高い応募者を増やすことにつながります。

図表6－2　女性活躍推進とステークホルダー

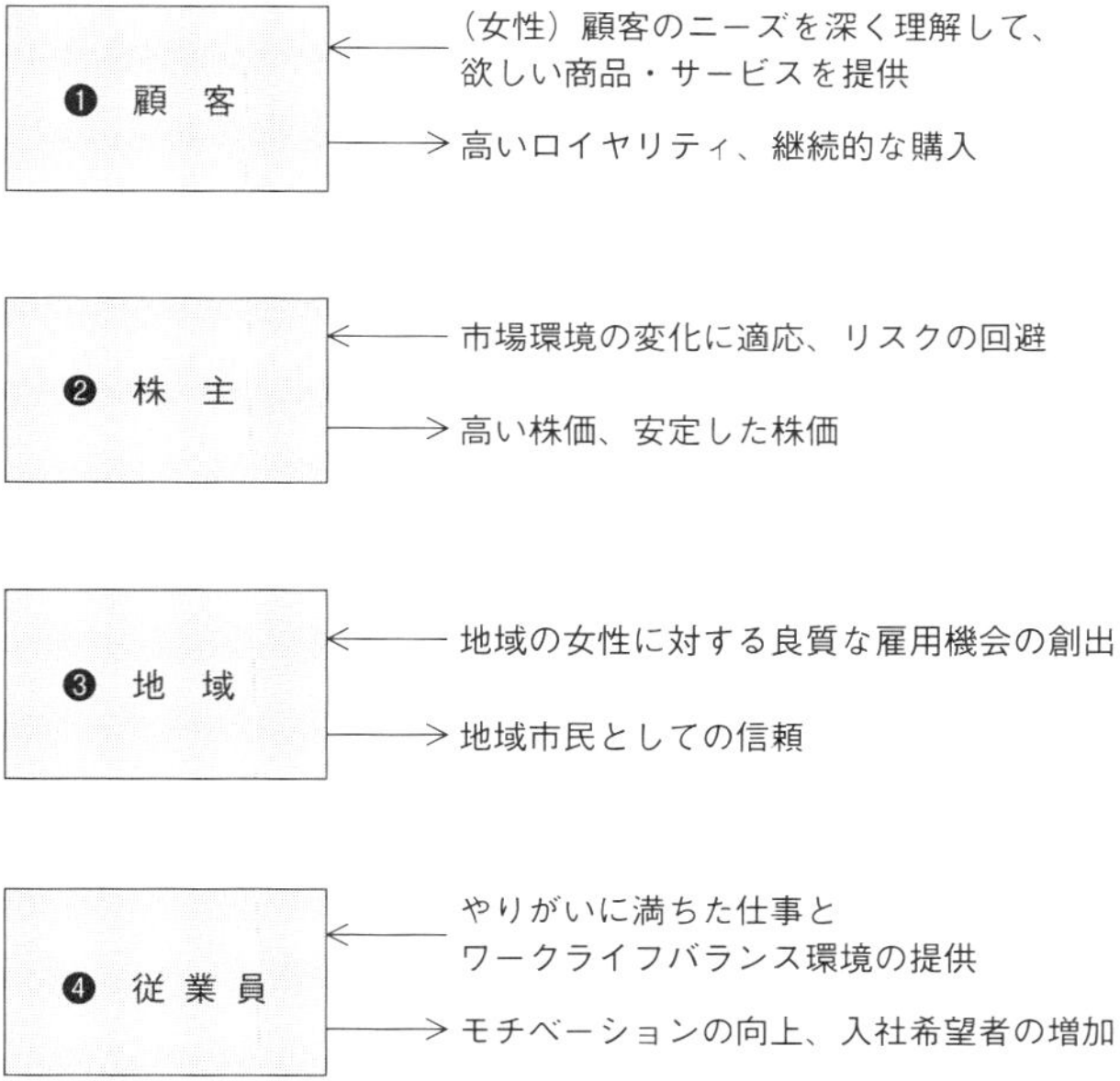
❶ 顧　客
（女性）顧客のニーズを深く理解して、欲しい商品・サービスを提供
高いロイヤリティ、継続的な購入
❷ 株　主
市場環境の変化に適応、リスクの回避
高い株価、安定した株価
❸ 地　域
地域の女性に対する良質な雇用機会の創出
地域市民としての信頼
❹ 従業員
やりがいに満ちた仕事とワークライフバランス環境の提供
モチベーションの向上、入社希望者の増加

戦略的に考えて、はじめから一連の効果を狙って取り組めば、女性活躍推進の効果を最大化できますし、取り組みについて従業員の共感を得ることができます。

その他のステークホルダーとの関係も、狙いを明確にしておくとよいでしょう。そして各ステークホルダーとの関係も相互に関連してきますので、大きなストーリーとして描いていくのです。企業価値／地域からの信頼／働き甲斐／顧客満足などがひとつのストーリーになり、経営者からビジョンとして語られている企業は、それだけ施策が成功しやすくなると思います。

ES→CS論

女性活躍推進をストーリーに仕立てている会社が、ストーリーの根幹に置いていることが多いのは、「ES」（従業員満足：Employee Satisfaction）から「CS」（顧客満足：Customer Satisfaction）へという道筋ではないかと思います。

たとえば航空会社であるANA（全日空）グループは、「ANAらしさを活かし、企業価値を高める活動」「お客様満足（CS）と社員満足（ES）の向上」「安心と信頼のために、企業価値を守る活動」をCSRの基本的な考え方の柱に据えています。ステークホルダーとのコミュニケーションを通じて、多様化する社会からの期待や要請を的確にとらえ、持続可能な社会の発展に貢献するというストーリーを打ち出し、その要素にES・CSを置いて、そのなかに女性活躍推進を位置づけているのです。

ANAホールディングス株式会社は、東証の「なでしこ銘柄」にも指定されていますし、『日経WOMAN』による女性が活躍する会社・総合ランキングでも6位になっている女性活躍の先進企業です。女性活躍を企業の経営理念の構図に組み込んでストーリー化することで、取り組みが持続的になるのです。

顧客満足経営の研究で知られるハーバード・ビジネススクール名誉教授のジェームス・ヘスケットは、ＥＳとＣＳが強い因果関係にあることをアメリカ企業に対する調査から明らかにしています[13]。そして、顧客価値を主軸にビジネスを組み替え、従業員の参加と働き方の変革を引き出す「バリュー・プロフィット・チェーン」を提唱しています。

ＥＳからＣＳへの流れはサービス産業のなかでは広く普及している考え方だと思いますので、今後さらに顧客満足のために女性活躍推進に取り組もうという企業が増えてくるのではないでしょうか。

13) ジェームス・ヘスケット他著『カスタマー・ロイヤルティの経営――企業利益を高めるＣＳ戦略』（日本経済新聞社）

4　意思決定ボードの多様性がレジリエンスを高める

株主の視点

女性活躍推進は、株主にとっても大きな関心事です。

東京証券取引所が企画したテーマ銘柄に「なでしこ銘柄」があります。テーマ銘柄とは、1400兆円もの金融資産を有する個人に、企業や投資に興味を持ってもらい、その行動によって日本経済を活性化させようとするものです。第1回はＥＳＧ（Environment：環境、Society：社会、Governance：ガバナンス）に取り組む企業、第2回は価値のある特許を持つ企業、そして第3回は、女性が活躍する企業として「なでしこ」が設定されました。女性管理職比率の情報公開や直近3年の自己資本利益率（ＲＯＥ）が業種平均を上回っていることを条件に選んだもので、2013年に17社、2014年に26社が選ばれ、うち旭硝子、ＫＤＤＩ、住友金属鉱山、東京急行電鉄、東レ、ニコン、日産自動車の7社が2年連続で選ばれています。

経済産業省のＨＰでの説明によると、なでしこ銘柄に選ばれた会社は、「多様な人材を活かすマネジメント能力」と「環境変化への適応力」が高いことから「成長力のある企業」であるとも考えられるとされています。

ブルームバーグＬ．Ｐ．のグレゴリーエルダーズＥＳＧアナリストによると、米国・欧州では投資家が投資対象の銘柄を選定するにあたり、株式アナリストの株価予想の期待値が高い企業に加え、女性取締役が一定数以上いる企業の株を選ぶことでより高い株価上昇率となる傾向があります。日本でも安倍政権誕生後は欧米と同様の兆候が見受けられます。

ブルームバーグでは、２００９年より、環境・社会・ガバナンス（ＥＳＧ）データについて７００を超える項目で情報を提供しており、女性取締役に関する情報への投資家の注目度は高く、ＥＳＧ項目のなかでも検索項目のＴＯＰ10に入るとのことです。女性管理職比率もよく見られていて、リスクと機会を事前に把握する目的でチェックしているようです[14)]。

日本企業は、女性活躍を自社の株主や広く投資家に伝える行動を取ってきませんでした。それは女性が特に活躍している企業でもそうなので、まったく視野になかったのかもしれま

14）「ＣＳＲを超えた〝真の〟ダイバーシティ・マネジメントへ」『Works』118号p.37の黒﨑美穂氏インタビューも併せて参照のこと。

せん。

レジリエンスとしての女性幹部

欧州の年金などの機関投資家においては、社会的責任投資（ＳＲＩ）が拡大していますが、そこでは取締役会のダイバーシティは、コーポレートガバナンスの重要な要素と位置づけられています。

前述した、マッキンゼーによる「WOMAN MATTER 2」（２００８年）によれば、国や事業内容をコントロールしても、労働環境、リーダーシップ、アカウンタビリティ、モチベーション、イノベーションなどの組織の健全性を測ると、女性を幹部に登用している会社の方がすべてにおいて良い結果であったとしています。

役員会のボードメンバーはもちろん、事業部経営の部課長のボードにおいても、女性が適切な割合で含まれているかどうかは、企業の持続的成長を占う意味で重要なのです。

「内部昇進型×男性」だけで構成されたボードでは、危機に対して特有の弱さがあります。長年の文脈を共有していることや、上の評価を過剰に気にすることから、ＮＯと言えない空気が漂っています。女性が、正論をあえて言うことや、違った角度から問題を指摘することで、健全性を担保できるのではないでしょうか。社外取締役の導入が進められている背景もまったく同じでしょう。

女性管理職の登用が一定比率まで進んできた会社であれば、部課長会議も変化が見えてきているはずです。男性ばかりのときには出ていなかった種類の発言や議論が起こっていると思います。

日本政府では国土強靭化という意味で、レジリエンス（resilience）という言葉を使っています。もともとは心理学用語で「精神的回復力」「抵抗力」「復元力」「耐久力」などを意味するのですが、さまざまな環境変化や困難に直面した時に、単一の価値観や視点しか持っていない企業は弱いものです。経営幹部の多様性を高めることで、企業組織としての強さ＝レジリエンスを獲得することは、ガバナンス上不可欠の対策と言えそうです。

おわりに——女性が管理職になりたくない理由などない

第1章の冒頭でも指摘したとおり、女性管理職が増えない理由としてよく聞かれるのが「女性自身が管理職になることを望んでいないから」というものです。しかしこれは疑ってかかる必要があります。本書の最後にこの問題を解きほぐしておきましょう。

リクルートホールディングスのダイバーシティ推進部の二葉美智子さんは、2014年、「新世代エイジョカレッジ」という取り組みをスタートさせました。

営業職の女性が、20代のうちに活躍していても、その後なかなかキャリア展望を見出しづらく、管理職になることを望まず、結果、営業職の女性活躍推進が進んでいないという現状に危機感をいだき、女性の活躍推進に注力している会社に声をかけて始めたプロジェクトです。

エイジョ＝営業女性の略なのです。

参加企業はリクルートホールディングスのほかに、キリン、KDDI、サントリーホールディングス、日産自動車、日本アイ・ビー・エム、三井住友銀行の計7社。

プログラムを構想しはじめた段階から、各社のダイバーシティ担当者に話を持ちかけ、賛同を得られた企業と協働で企画を練り上げました。

各社の若手トップ営業ウーマンを数名ずつ集めて行われた第1回の研修は合宿形式だったそうですが、そこで話し合っていると「このまま営業部門で管理職になるイメージを持てない」「管理職になりたいと思わない」とほとんどの営業ウーマンたちが思っていることが明らかになったと言います。

もしも、その場に私たちがいたとしたら、参加者の皆さんに次の5つの問いを投げかけたことでしょう。この問いに向き合ってもらったら、その考えはもしかしたら変わったかもしれません。

①管理職になる以外に、長く仕事を続ける方法は具体的にイメージできるか
②同期や年下の人の部下になるのに抵抗はないか
③報酬がいま以上に増えなくてもモチベーションはキープできるか
④今、与えられている権限で、自分が仕事上でやりたいことはなんでもできるか
⑤自分の働く時間や到達すべきゴールや誰をチームメンバーにするかを、コントロールできるか

ここでは営業職について考えてみますが、まず①についてはどうでしょう。

営業の実績が高い人であっても、そのまま営業のプロフェッショナルとして一営業パーソンのまま組織に居続けることができるような人事区分を設けている会社は一部の生命保険会社などを除いて、日本には多くありません。また、自分が得意にしているお客様も、そのうち後輩に譲ることになるでしょう。

「特定の顧客の担当として、パフォーマンスに応じた高いコミッションをもらって退職するまで働く」形で働き続ける道は、実はほとんど閉ざされていることがわかります。
②はどうでしょうか。この先、40歳になっても50歳になっても管理職にならないということは、そのうち自分の同期や後輩たちの部下になるということを意味します。それを「面白くない」と思うことなく、その人の指示命令に従いながら働くことができるでしょうか。今までは同期で昇進したのは男性でしたが、これからは同じ女性が昇進していきます。同期の女性の下で気持ちよく働けるでしょうか。
そもそも管理職になりたいと思わないのは、まだ管理職昇進年齢に達していなくて、実感がないからかもしれません。男性で管理職志向がない人でも、同期が昇進するようになると、負けたくないという気持ちから昇進意欲が出てきます。昇進=評価であり、真剣に仕事をし

ていればいるほど、評価されないと物足りないのです。

③についても考えましょう。多くの日本企業で、年功的な給与体系は徐々に崩れていきます。同じ仕事をしている人の基本給は翌年もその次の年も基本的に同じということになります。

より高い職責を担わない限り、基本給は上がらないのです。いかに仕事のスキルが向上していようとも、です。断言しておきますが、給与が上がらないと、どんな仕事をしていてもだんだんモチベーションは低下します。去年よりも今年の自分の方が、知識も経験も豊富になっているのに、対価が変わらないのですから当然です。

給与を上げるためにはポジションに就くことが一番の早道なのです。

④はどうでしょう。仕事を通じて新しいお客様のニーズや自社商品・サービスの改善すべき点を見つけたとしても、自分に権限がなければ、そうした改善や新提案を実現できるかどうかはわかりません。

管理職になることとは、自分の思ったことを実現するための権限を手に入れることでもあります。そして、管理職になることで、自分1人でできること、という範囲を超えて、他者を使ってやりたいことを実現できるようにもなるのです。

⑤も同じく、管理職になることで手に入れられる自由がある、ということです。自分の働き方を決めたり、チームが強くなるように人員を育てたり、あるいは入れ替えたり、チームが目指すべき方向を決めたりといった環境の整備をやるにも、自分に権限がなければ始まりません。

5つの問いに向き合ってもらうと、管理職になる選択肢を最初からはずすことは、働く上での楽しみを自ら制限しているのとほぼ同じことだ、と気づかせることができます。

もちろん、今の管理職は、権限が少ない割には拘束される時間も長く、割に合わない仕事に見えるかもしれません。

そこは本書の第4章でみてきたように、生産性の向上に取り組み、無駄な仕事をなくして生きた時間を増やす努力で、管理職の仕事そのものを変えていく必要があります。

「女性が管理職になりたがらない」ことを口実に女性のキャリアを支援するのをやめてしまうのは簡単です。でもそれは、組織に所属する人材の能力を活かしていないことと同じです。

働く女性の上司である人々には、部下の女性たちに「管理職になりたくない」と言っているのは、さまざまな可能性を自ら閉じていることと同義であるとしっかり伝えて、彼女たちのさらなる活躍を引き出すという責任があるのではないでしょうか。

新世代エイジョカレッジでは、半年ほどの研修を重ねて、営業という職種で、彼女たちが目指したいと思うような管理職やリーダーポジションはどのようなものなのか、より多くの女性が営業職で活躍するための課題やその打ち手について、各社の営業担当役員や人事担当役員に向けて提言を行う予定だといいます。

この取組みだけでなく、日本中のさまざまな会社で、あるいは会社を超えて、女性がリーダーを目指すために、今組織が抱えている問題を解決する活動が生まれています。

働く女性が、何かをあきらめることなく仕事を継続し、その仕事で評価されるようになる社会に、日本社会が進化していくことを願ってやみません。

参考文献

併せて読むと参考になると思う書籍、記事、資料などを記しておきます。

・「女性リーダー育成　半歩先行く世界のリアル」（『Works』123号）
・「ＣＳＲを超えた〝真の〟ダイバーシティマネジメントへ」（『Works』118号）
・「提案　女性リーダーをめぐる日本企業の宿題」

（以上３点はすべてリクルートワークス研究所のＨＰで閲覧できます。
http://www.works-i.com/）
・「ダイバーシティ経営戦略　多様な人材を活かして、変化する市場を生き抜く」（経済産業省編）
・「ダイバーシティ経営戦略２　多様な人材の活躍が、企業の成長力に繋がる」（経済産業省編）
・経済産業省「企業活力とダイバーシティ推進に関する研究会」報告書
・「ダイバーシティと女性活躍の推進　グローバル化時代の人材戦略」（経済産業省編）
・一般財団法人企業活力研究所「女性が輝く社会のあり方研究会」報告書
・「女性イノベーター50人の構想」（『月刊事業構想』２０１３年９月号　事業構想大学院大学出版部）
・勝見明『なぜ、20代女子社員は超ヒット商品を生み出せたか「キリンフリー」大成功に学ぶ仕事術』（プレジデント社）

・大久保幸夫『会社を強くする人材育成戦略（第3章ほか）』（日経文庫）
・大久保幸夫『マネジャーのための人材育成スキル（第5章ほか）』（日経文庫）
・ジョン・ガーズマ＋マイケル・ダントニオ著　有賀裕子訳『女神的リーダーシップ　世界を変えるのは、女性と「女性のように考える」男性である』（プレジデント社）
・佐藤博樹・武石恵美子編『ワーク・ライフ・バランス支援の課題　人材多様化時代における企業の対応』（東京大学出版会）
・谷口真美『ダイバシティ・マネジメント　多様性をいかす組織』（白桃書房）
・山口一男『ワークライフバランス　実証と政策提言』（日本経済新聞出版社）
・伊賀泰代『採用基準』（ダイヤモンド社）
・シェリル・サンドバーグ著・村井章子訳『ＬＥＡＮ　ＩＮ（リーン・イン）女性、仕事、リーダーへの意欲』（日本経済新聞出版社）
・ベティ・Ｌ・ハラガン『ビジネス・ゲーム　誰も教えてくれなかった女性の働き方』（光文社知恵の森文庫）
・石原直子「堅牢な女性のリーダーシップパイプラインの構築を」（オンライン「人事のための課題解決サイトjin-Jour」POINT OF VIEW第20回）
・石原直子「女性活躍推進3.0時代の女子力活用　長期ビジョンを見失うことなく、忍耐強く粘り腰で」（産労総合研究所『人事実務』２０１３年8月号）
・McKinsey & Company, "Women Matter 2 Female leadership, a competitive edge for the future"

・内閣官房「持続可能な霞が関に向けて―子育て等と向き合う女性職員の目線から―」
(http://www.cas.go.jp/jp/gaiyou/jimu/jinjikyoku/files/teigen1.pdf)

大久保幸夫（おおくぼ・ゆきお）
株式会社リクルートホールディングス専門役員、リクルートワークス研究所所長。
1983年一橋大学経済学部卒業。同年、（株）リクルート入社。人材総合サービス事業部企画室長、地域活性事業部長などを経て、1999年人と組織の研究機関であるリクルートワークス研究所を立ち上げ、所長に就任。2010年から2012年まで内閣府参与を兼任。2011年より専門役員就任。2012年より人材サービス産業協議会理事を兼任。専門は人材マネジメント、労働政策、キャリア論。
＜主な著書＞
『30歳から成長する！「基礎力」の磨き方』（PHPビジネス新書）、『キャリアデザイン入門 Ⅰ、Ⅱ』『会社を強くする人材育成戦略』『マネジャーのための人材育成スキル』（以上、日経文庫）、『日本型キャリアデザインの方法』（日本経団連出版）、『日本の雇用』（講談社現代新書）、『「仕事が不安！」を抜け出す本』（大和書房）、『ビジネス・プロフェッショナル』（ビジネス社）など。

石原直子（いしはら・なおこ）
リクルートワークス研究所主任研究員。
都市銀行、人事コンサルティングファームを経て2001年よりリクルートワークス研究所に参加。一貫して人材マネジメント領域の研究に従事し、近年はタレントマネジメントの視点から、次世代リーダー、女性リーダー等の研究を進めている。2013年発表の「提案　女性リーダーをめぐる日本企業の宿題」作成にあたってプロジェクトリーダーを務めた。2014年度、独立行政法人経済産業研究所の「ダイバーシティと経済成長・企業業績研究プロジェクト」委員。共著に『人事経済学と成果主義』（「第5章 人材ポートフォリオと組織デザイン」担当）、『正社員時代の終焉』（「第4章　正社員に任せる仕事・非正社員に任せる仕事」担当）がある。

日経文庫1322
女性が活躍する会社
2014年10月15日　　1版1刷

著　者　大久保幸夫　石原直子
発行者　斎藤修一
発行所　日本経済新聞出版社
http://www.nikkeibook.com/
東京都千代田区大手町1-3-7　郵便番号100-8066
電話（03）3270-0251（代）

装幀　内山尚孝（next door design）
印刷・製本　シナノ印刷

ISBN 978-4-532-11322-3